So hält man gelungene Festreden

PRAKTISCHER RAT

So hält man gelungene Festreden

Günter Kunz

Buch und Zeit Verlagsgesellschaft mbH · Köln

In gleicher Ausstattung sind erschienen:
Geschäftliche Briefe
Bewerbungsbriefe und Vorstellungsgespräche
Lebenslauf

ISBN 3-8166-9715-1

Titelbild: Michael Wolfarth, Wiesbaden
Zeichnungen: Hartmut Dietrich, Wiesbaden

Satz: Grunewald Satz & Repro GmbH, Kassel
Druck: Ebner Ulm

1999971592X7 2635 4453 6271

Inhalt

Vorwort

Über die Kunst, seine Gäste mit einer Festrede zu begeistern

Ist es Ihnen nicht auch schon einmal so ergangen? Ein Fest wird gefeiert, in der Familie, im Beruf, im Verein. Sie sitzen oder stehen zusammen mit Angehörigen, Freunden, Kollegen oder Gleichgesinnten. Sie unterhalten sich, reden miteinander, voneinander, übereinander. Aber es fehlt noch etwas: Eine oder einer könnte doch wenigstens mal etwas sagen, sozusagen stellvertretend für alle begrüßen, gratulieren, loben, danken, Trost spenden, aufmuntern, Freude vermitteln.

Warum sind Sie nicht die eine oder der eine, der gut vorbereitet oder ganz spontan hier die Initiative ergreift? Ob Sie nun Feste feiern wollen oder feste feiern wollen – eine überzeugende Rede gehört allemal dazu.

Reden kann man lernen!

Dieses Buch will Ihnen bei dieser gewiß nicht leichten Aufgabe zur Hand gehen. Wie Sie sich vorbereiten können, wie Sie Ihr Lampenfieber loswerden, wie Sie mit Ihrem Publikum kommunizieren können, auch wenn Sie kein einziges Wort sagen, wie Sie auch ohne Witze nie langweilig werden und wie sich alle darauf freuen, gerade Ihrer Rede zuzuhören. Sie können in diesem Buch etwas erfahren über die Kunst, miteinander zu reden, Ihre Gäste zu unterhalten und Ihr Publikum zu fesseln.

Ein wenig Theorie über das, was ein geübter Redner wissen muß. Und dazu viele praktische Hinweise und Beispiele zur Vorbereitung Ihrer eigenen Festrede.

Das Buch enthält auch drei Beispiele für ein kleines Festgedicht, die Anregungen geben sollen für das eigene Verseschmieden. Aber gehen Sie mit den Versen behutsam um. Nicht jeder Reim ist ein Gedicht!

Und zweitens: An den Vortrag sind schon höhere Anforderungen gestellt als bei der reinen Prosa.

Überraschen Sie bei der nächsten sich bietenden Gelegenheit Ihre Gäste in der Familie, im Beruf oder Verein mit einer gelungenen Rede oder einem kleinen Gedicht.

Ich wünsche Ihnen mit diesem Buch einen überzeugenden Auftritt als Festredner.

Günter Kunz

Reden in gereimter Form

Vorbereitung der Festrede

Stoff- und Materialsammlung

Wahrscheinlich geht es Ihnen wie den meisten von uns: Hinterher fällt uns ganz sicher so manches wieder ein, was wir hätten sagen können, was genau gepaßt hätte, das zutreffende Wort oder sogar der verflixte, vergessene Name, ein Bonmot zum Beispiel oder eine lustige Begebenheit. Aber in dem jeweiligen Sprechmoment: Nichts! Denkblokkade! Angst sich zu verheddern, den Faden zu verlieren! Oder bemüht, mit vielen Ähs und Mhs die Nachdenkpausen zu füllen. Also hilft alles nichts: Wem nicht die seltene Begabung in den Schoß gefallen ist, zu jeder passenden Gelegenheit das passende Wort aus dem Stegreif zu sprechen, muß sich vorbereiten, ersatzweise sich gegen entsprechendes Honorar durch Ghostwriter vorbereiten lassen.

Wie gehen Sie zur Vorbereitung einer Festrede also am besten vor?

Überlassen Sie grundsätzlich nichts dem Zufall. Gründliche Vorbereitung ist alles. Dies gilt nicht nur für die große Rede vor großem Publikum, sondern auch für die kleine Ansprache im vertrauteren Kreise.

Gehen Sie dabei ganz systematisch vor:
Die fünf „W“s geben Ihnen dabei Hilfestellung:

Die berühmten fünf „W“s

- Über *was* wird geredet?
- Vor *wem* wird geredet?
- *Wo* wird geredet?
- *Wann* wird geredet?
- *Wie lange* wird geredet?

Über was wird geredet?

Über was geredet wird, ist wichtig für die Abgrenzung des Themas. Festreden zum Beispiel umfassen eine Bandbreite von der Taufe, einer silbernen Hochzeit über ein Dienstjubiläum bis hin zur Ehrung verdienter Vereinsmitglieder. Gemeinsam ist zwar jeweils ein festlicher Rahmen zum Zusammentreffen und Feiern einer mehr oder weniger großen Gruppe von Menschen in der Familie, im Beruf oder im sonstigen gesellschaftlichen Umfeld. Völlig unterschiedlich dagegen sind die eigentlichen Anlässe eines solchen Zusammentreffens. Um es an einem Beispiel zu verdeutlichen: Im Mittelpunkt einer Festrede zum 60. Geburtstag steht selbstverständlich der Jubilar, sein Leben, seine Geschichte und diejenige seiner Umgebung. Nicht „ansprechend" dagegen wären Betrachtungen über Geburtstagsfeiern im Wandel der Zeit, tiefschürfende Anmerkungen über den Altersaufbau in der Gesellschaft oder aber – ähnlich daneben – über die Lebenserwartung von Sechzigjährigen in Abhängigkeit vom pharmakologischen Fortschritt. Selbstverständlichkeiten, werden Sie sagen. Leider nein. Die meisten Reden und Redner kranken daran, daß sie nicht die Kommunikation zwischen Gesagtem und Gehörtem eröffnen und aufrechterhalten, sondern Zeugnis ablegen sollen von Bildung und weitem Horizont des Redners.

Eine Rede soll keine Selbstdarstellung des Redners sein

„Wer vieles bringt, wird vielen etwas bringen" – ist der wohl am meisten falsch verstandene Redeansatz. Also bereiten Sie Ihre Stoff- und Materialsammlung ganz gezielt auf Person und Anlaß Ihrer Festrede vor. Persönliche Daten nicht lückenlos und tabellarisch, weil die Rede ja schließlich keine statistische Vorlesung werden soll. Vielmehr so zusammengefaßt, daß sie wichtige Eck- und Wendepunkte erkennen oder Entwicklungen nachvollziehen läßt. Am konkreten Beispiel:

Nicht tabellarisch Klasse eins bis dreizehn der Schule, sondern vielleicht Einschulung, mittlere Reife, Schulabschluß. Beim Vereinsjubiläum nicht Jahr eins, zwei und so weiter bis fünfzig, sondern Gründungsjahr und in wenigen markanten Zeitsprüngen zu den wichtigsten Ereignissen. Statt epischer Breite gezielt und konzentriert auf den jeweiligen Anlaß.

In der Kürze liegt die Würze!

Sie werden schnell feststellen, wie leicht es doch ist, viel Material zusammenzustellen, und wie schwer, es gezielt wieder zusammenzustreichen. Nur Mut beim Kürzen! Ihr Publikum wird es Ihnen später sicher danken.

Vor wem wird geredet?

Die Antwort auf diese Frage ist ganz sicher eine der wichtigsten Informationen für den Festredner. Denn er sollte schon wissen, ob es sich um einen mehr privaten oder gesellschaftlich-öffentlichen Zuhörerkreis handelt. Und wie zum Beispiel die Persönlichkeit, die in dieser Festrede geehrt werden soll, sich in diesem Umfeld bewegt. Handelt es sich um ein Familienmitglied, überwiegt der private Charakter. Dies hat Einfluß auf Festraum, auf Kleidung und auf persönliche und private Redebestandteile.

Privater Anlaß

Offizieller Anlaß

Handelt es sich dagegen um mehr öffentliche Anlässe, überwiegt das gesellschaftliche Reglement: Offizielle Kleidergewohnheiten, eine größere Distanz in der Anrede und im Redeinhalt. Konkreter vermitteln das die beispielhaften Musterreden.

Mischformen

Völlig verzwickt kann die Angelegenheit in Mischformen beider Anlässe werden. Wird zum Beispiel durch einen offiziellen Repräsentanten im Familienkreis jemand durch eine Festrede geehrt, bedarf es schon einer gehörigen Portion Fingerspitzengefühls, um die Barriere zwischen Redner und Publikum zu beseitigen, ohne dabei den Eindruck der Anbiederung zu erwecken.

Umgekehrt würde es schon leicht als falsch verstandene Kameraderie angesehen, wenn bei rein offiziellen Redeanlässen der Redner einen ihm zufällig Bekannten im Zuhörerkreis durch die ständige Erwähnung und Zitierung privater Beziehungsgeflechte „hervorhebt“. Handelt es sich zufälligerweise bei einem solcherart Erwähnten gar noch um eine allseits bekannte Persönlichkeit des öffentlichen Lebens, kann die Peinlichkeit für alle an diesem Festakt Beteiligten manchmal kaum noch übertroffen werden.

Wo wird geredet?

Raumverhältnisse

Wo geredet wird, ist wichtig für die organisatorische Vorbereitung Ihrer Rede. Brauchen Sie einen kleinen oder großen Raum, um Ihr Publikum so unterzubringen, daß es Ihnen entspannt zuhören kann? Entspannt zuhören, und damit für den Redner ganz sicher leichter zu erreichen und zu überzeugen, kann ein Publikum dann, wenn die Sitzverhältnisse, die Luft- und Lichtbedingungen so gestaltet sind, daß *alle* sich darin wohl fühlen können.

Es nutzt also nichts, wenn die ersten beiden Reihen Ihrer Zuhörer bequem sitzen können, der Rest aber stehen muß – bei fünf Minuten Redezeit noch erträglich, bei einer halben Stunde eine Zumutung! Oder, um ein anderes Extrem zu nennen, die Gruppe der privilegierten Zuhörer Sie live erleben kann, der Rest aber auf dem Monitor im „Abstellzimmer“. Prüfen Sie immer auch rechtzeitig vorher, ob Sie für Ihre Rede technische Hilfsmittel wie Pult, Mikrofon oder Projektionsmöglichkeiten benötigen, ob sie im Vortragsraum rechtzeitig vor-

Technische Hilfsmittel

handen und auch einsetzbar sind, und vergewissern Sie sich auf jeden Fall so rechtzeitig vor Redebeginn, daß alles funktioniert, um im schlimmsten Fall genügend Zeit zur Abhilfe und Ersatzbeschaffung zur Verfügung zu haben. Wie viele Redner (und Zuhörer!) haben sich schon durch Ansprachen und Vorträge quälen müssen, weil ausgerechnet das im Eifer des Gefechts übersehen worden ist.

Wann wird geredet?

Hoch- und Tiefphasen einkalkulieren

Wann geredet wird, ist nicht nur eine Frage der persönlichen Konstitution des Redners selbst. Morgen- oder Abendmuffel haben halt ihre Schwierigkeiten in der jeweiligen Tagesphase. Haben Sie die Möglichkeit, Ihren Redezeitpunkt selbst zu bestimmen, dann legen Sie ihn in eine Zeit, in der Sie sich erfahrungsgemäß in einer „Hochphase" befinden oder zumindest nicht allzu weit davon entfernt sind.

Auch das Publikum hat seine Hoch- und Tiefphasen, die Sie einkalkulieren sollten. Nutzen Sie also die Zeit aus, die noch nicht, von reichlichem Eß- und Trinkgenuß bedingt, naturgemäß den Verdauungsvorgängen gewidmet ist oder den satten und durstigen Geräuschpegel ansteigen läßt. Dies können Sie ebenso geschickt steuern wie die Zeitdauer Ihres eigenen Vortrages.

Wenn das Fest einen eher inoffiziellen Charakter hat und keine Programmfolge vorgesehen ist, sind Sie ganz auf Ihre Intuition angewiesen, wann Sie mit Ihrer Rede beginnen wollen.

Sie sollten einen Zeitpunkt abwarten, in dem gerade eine kleine Pause im Gespräch oder während des Essens eintritt, also auf keinen Fall eine Stimmung oder eine rege Unterhaltung stören. Achten Sie auch darauf, daß das Fest – und damit der Alkoholkonsum – noch nicht zu weit fortgeschritten ist, sonst gelingt es Ihnen nicht mehr, die Aufmerksamkeit der Zuhörer zu erreichen. Auch ein zu früher Zeitpunkt, z. B. noch während der Begrüßung der Gäste untereinander, ist nicht ratsam. Beobachten Sie einfach Ihre zukünftigen Zuhörer eine Zeitlang genau, dann wissen Sie, wann der richtige Zeitpunkt gekommen ist.

Die künftigen Zuhörer beobachten

Wie lange wird geredet?

Wie lange geredet wird, hängt davon ab, ob Sie als alleiniger Redner auftreten oder nicht. Sind es mehrere, ist eine inhaltliche und zeitliche Abstimmung der einzelnen Beiträge unumgänglich. Stellen Sie sich einfach vor, alle kaufen dieses Buch und halten auf der gleichen Veranstaltung die gleiche Musterrede: Was sich damit für den Verlag als ausgesprochener Glücksfall entwickelt, würde spätestens ab dem zweiten Redner bei diesem Festereignis als persönliche Katastrophe enden.

Im Ernst: Achten Sie darauf, daß Sie die Geduld Ihrer Zuhörer nicht überfordern. Abgesehen von öffentlichen Festakten, in der für die Redezeiten andere (nicht unbedingt sinnvollere) Regeln gelten, sind Sie im privateren Bereich gut beraten, wenn Sie Ihre Redezeit auf maximal 15 bis 20 Minuten begrenzen. In dieser Zeit können Sie alles ausdrücken, was Sie denken und fühlen, worüber Sie sich gefreut haben, was Ihnen wehgetan hat.

Bei privaten Festen: 15 bis 20 Minuten

Aufbereitung und Gliederung

Bei der Vorbereitung Ihrer Festrede verfügen Sie nunmehr über alle Informationen, die Sie für Ihre Ansprache benötigen. Nun geht es an die Aufbe-

Klassische Gliederung: Einleitung, Hauptteil, Schluß

reitung und Gliederung des Stoffes. Hier wird Denkzucht verlangt. Die klassische Gliederung einer Rede besteht aus Einleitung, Hauptteil und Schluß. Daß eine Einleitung kurz und schnörkellos zum eigentlichen Thema führen soll, ist bekannt. „Sitzt" die Einleitung, haben Sie die Aufmerksamkeit Ihrer Zuhörer zunächst einmal sicher. Sitzt sie schief: „Der erste Eindruck ist immer der beste" (alte Volksweisheit), bedarf es schon allergrößter Anstrengungen, Ihr Publikum wieder für sich zu gewinnen. Das allerdings hat schon manchen dazu verleitet, in die Einleitung zuviel zu packen, sie mit Gags zu überfrachten und vor lauter Verliebtheit in die schöne Einleitung den Rest der Rede zu vergessen.

Nachstehend sind zehn „Standard-Einstiegsmethoden" in eine Rede aufgezeichnet. Sie müssen allerdings nicht nur zum Redethema passen, sondern auch speziell für Sie selbst. Wer keine Witze erzählen kann, soll die Finger davon lassen. Komplimente zum Beispiel sollen nicht so dick aufgetragen werden, daß sie bei dem Adressaten als blanke Ironie oder gar Zynismus ausgelegt werden könnten.

Prüfen Sie also einfach durch, welche dieser „Standards" am besten zu Ihnen und Ihrer Rede passen.

Zehn Einstiegsmethoden

Methoden des Einstiegs

- humorvoll
- Zitat
- Provokation
- rhetorische Frage
- aktuelles Ereignis
- visuelle Demonstration
- Geschichte
- Gemeinsamkeit
- Kompliment
- ernstes Wort

Der Hauptteil

Im Hauptteil legen Sie Ihre Meinung, Ihre Gegenmeinung, Ihre Wünsche, Hoffnungen oder auch Befürchtungen überzeugend dar. Vergessen Sie bei aller Spontaneität und Innovation nicht dabei den wichtigen roten Faden, an dem Sie (möglichst unmerklich, aber wirksam) Ihr Publikum hinter sich herziehen.

Der Hauptteil Ihrer Rede ist keine lose Aneinanderreihung von Gedanken. Ihre Zuhörer müssen nachvollziehen können, warum Sie zu dem einen oder auch anderen Schluß gelangen und warum „man" sich gerade von Ihrer Meinung angezogen und überzeugt fühlen kann.

Ohne gute Gliederung keine gute Rede

Die Gliederung einer Stoff- und Materialsammlung beweist, ob Sie den Stoff auch wirklich „bewältigt" haben. Nicht zuletzt deshalb ließen pfiffige Hochschullehrer ihre Studenten keine seitenlangen Abhandlungen über die gestellten Themen schreiben, sondern verlangten eine detaillierte Gliederung. Damit schlugen sie zwei Fliegen mit einer Klappe: Der kritische Blick auf die Gliederung zeigte, ob der Kandidat den Stoff beherrschte. Zum zweiten war der Korrekturaufwand wesentlich geringer, weil das knappe Gliederungsgerüst alle sonstigen verbalen Füllsel einschließlich aller taktischen Abschweifungen entbehrlich machte. Daß ein solches Gliederungsgerüst für den geübteren Redner gleichfalls eine hervorragende Redevorlage ist, werden wir später noch sehen.

Gliederung = Bauplan der Rede

Mit einer fundierten Gliederung haben Sie einen „Bauplan" für Ihre Rede. Mit der Einleitung legen Sie für sich und Ihre Zuhörer gewissermaßen das Fundament, durchschreiten mit Ihrem Publikum im Hauptteil die verschiedenen Räume und Stockwerke. Das Dachwerk als Schluß krönt schließlich Ihren gemeinsamen Rundgang als gelungene architektonisch-rhetorische Einheit.

In den alten griechischen Rednerschulen wurden mit Hilfe der sogenannten Fünfsatztechnik

Die Fünfsatztechnik

wirksame und unwirksame Rede-Baupläne geübt. Um es an einem Beispiel zu verdeutlichen:

In einem wirksamen Redebauplan vermochten die Zuhörer dem Redner gut zu folgen (und an fünf Fingern nachzuzählen), wenn er wie folgt gliederte:

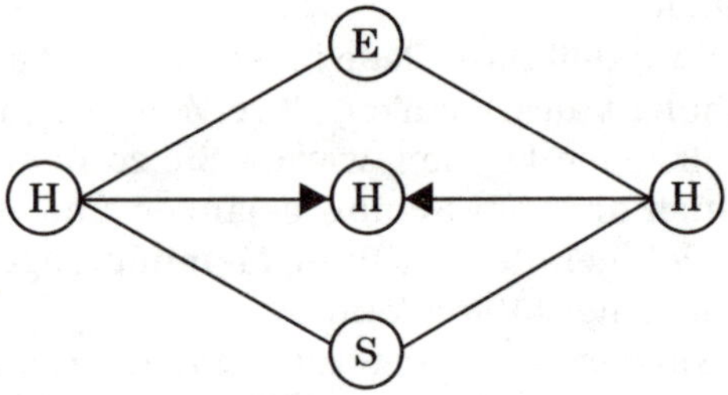

E = Einleitung, die hinleitet zu einem
H = Hauptteil mit drei gleichgewichtigen Gedankengängen, die münden in einem
S = Schluß

Nicht überzeugen konnte der Redner dagegen sein Publikum zum Beispiel mit einer Gliederung

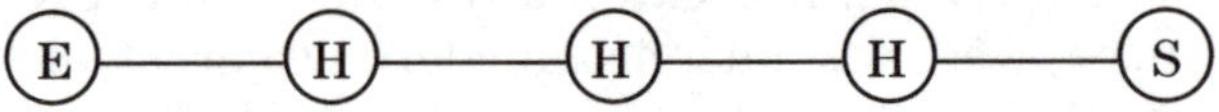

die alle Interpretationen offen und damit Ratlosigkeit hinterließ, weil sie die einzelnen Gedankengänge ohne jeglichen Bezug nebeneinander im Raume stehen läßt.

Der Schluß

Sitzen die Einleitung und der Hauptteil, sollte es Ihnen nur wenig Mühe bereiten, mit einem knapp und einprägsam formulierten Schluß noch einmal Ihre Zuhörer zu motivieren und aufzurütteln. Die vorne genannten Standard-Einstiegsmethoden können Ihnen auch hierbei gute Anhaltspunkte bieten. Der Schluß Ihrer Rede muß für Ihre Zuhörer klar erkennbar sein. Das erreichen Sie mit einer entsprechenden Ankündigung, z. B.: „Lassen Sie mich schließen" oder auch: „Zum Schluß" oder/

und mit einem erkennbar auf einen dramaturgischen Punkt hinweisenden Schluß- und Höhepunkt: Betonung, Lautstärke und Tempo steigern sich in Ihrer Sprechweise.

Stilistische Ausgestaltung

Nun haben Sie für Ihre Festrede ausreichend Material gesammelt, haben es geordnet und gegliedert. Nun wollen Sie Ihre Gedanken Ihrem Publikum nahebringen und verständlich übermitteln. Der Weg dahin ist die Sprache.

Bleiben Sie auch als Redner Sie selbst!

Ganz sicher ist Ihnen schon einmal aufgefallen, daß Bekannte eine unterschiedliche Sprache sprechen, je nachdem, ob sie sich mit Ihnen oder auch im kleinsten Kreise unterhalten oder ob sie eine Ansprache halten. Nicht selten wirkt der Redner im größeren Kreise dann weniger spontan, formeller: Es ist, als spreche ein völlig anderer, ein Unbekannter zu Ihnen. Was ist passiert?

Kultivieren Sie Ihren eigenen Wortschatz!

Oft ist es einfach Angst und Unsicherheit, daß eine einfache, verständliche Sprache und Ausdrucksweise mißverstanden werden könnte als ein Mangel an geistiger Beweglichkeit, an profundem Wissen und weitgespannter Bildung. Da werden andere Redner als Vorbilder kopiert, die man kennt, schätzt, bewundert. Da schleichen sich Phrasen ein, sprachliche und intellektuelle Mätzchen, gekünstelte Wortfolgen, zu viele Zitate („Schon Goethe schrieb in seinen Xenien …“!), viel zu viele Fremdwörter, passagenweise geistiges Fremdeigentum, dessen scheinbare oder tatsächliche Originalität Sie darüber hinwegsehen läßt, daß es Ihrer eigenen Sprach- und Erlebniswelt überhaupt nicht entspricht. Hüten Sie sich vor diesen Anleihen und Ausrutschern. Haben Sie Mut zu Ihrer eigenen Sprache und Ausdrucksform!

Überprüfen Sie, ob Ihr Wortschatz ausreicht. Vermeiden Sie langweilige Wiederholungen und schwerfällige, ungeschickte Wendungen. Allerweltswörter, Gemeinplätze und abgedroschene Redensarten können Sie vermeiden, indem Sie Sinnzusammenhänge suchen und Wortfelder zusammenstellen, mit denen sich unterschiedliche Sachverhalte präzisieren lassen. Als Beispiel hier ein Wortfeld für das Wort „sagen“: meinen, äußern, darlegen, dartun, bemerken, reden, sprechen, erzählen, erläutern, einwenden, berichten, melden, erwähnen, einwerfen, zugeben, angeben, einräumen, vortragen, beteuern, erklären.

Wortfelder helfen variieren

Diese Reihe kann fortgesetzt werden, wenn man die geistige Haltung oder die Gemütslage mit einbezieht: auftrumpfen, betonen, brüllen, auffahren, murmeln, raunen, flüstern, tuscheln, stammeln, höhnen, prahlen, maulen, schwatzen, plappern, quasseln, flunkern, schwadronieren.

Ähnliche Wortfelder gibt es für alle anderen häufig vorkommenden Tätigkeitsbereiche, für sehen, denken, loben, tadeln, veranlassen, verbinden usw. Nur selten sind Wortfelder ein festgefügtes und scharf begrenztes Ganzes. Meist berühren sie sich gegenseitig, überlappen oder überdecken einander. Manche Zeitwörter wiederum gehören verschiedenen Wortfeldern an.

Worthülsen langweilen

Eine wichtige Folgerung für den Redner: Je mehr die Verallgemeinerung zunimmt, um so farbloser wird das Wort und um so schwächer seine Bildkraft. Verwenden Sie verschlissene Worthülsen in Mengen, wird der Sprachstil unanschaulich, reizlos, öde oder langweilig. Ein gutes Beispiel ist das Wort „machen“ in Wortverbindungen: Was macht das Wetter? Toilette machen, Bett machen, Kaffee machen, sich Arbeit machen, einen Spaziergang machen, Einkäufe machen – und so weiter.

Dies ist inhaltloses Schablonen-Deutsch, geboren aus Bequemlichkeit und/oder Gedankenlosigkeit. Präzisieren Sie diese Verallgemeinerungen, deuten Sie neu oder formulieren Sie um. Benutzen Sie Bilder und Gleichnisse, die klar, deutlich und farbig die in der Rede oder Ansprache enthaltenen Sinnzusammenhänge zeigen.

Schablonen-Deutsch schläfert ein

Dies ist nicht immer einfach. Aber einfallsloses Schablonen-Deutsch und eine überfrachtete gleichnishafte Bildersprache haben für den Zuhörer eines gemeinsam: Sie überfordern seine Bereitschaft zum Zuhören. Das ständige Training wird Ihnen auch hier bald die notwendige Erfahrung bringen.

Vortrag der Festrede

Auswendiglernen, Ablesen, Vortragen

Nun ist Ihr Manuskript fertig, der Zeitpunkt des Vortrages steht bevor. Wie bringe ich nun meine Rede an das Publikum heran? Mit oder ohne Manuskript, ablesen oder vortragen? Ein geübter Redner kommt beim Vortragen in der Regel ohne komplettes Manuskript aus, ihm genügen ein paar Stichpunkte und Notizen. Liegt ein ausgearbeitetes und geschriebenes Manuskript vor, so dient es als Grundlage, die allerdings genügend Freiräume für Improvisation und Exkurs zuläßt. Bei offiziellen Redetexten werden solche Manuskripte deshalb in der Regel mit dem Zusatz versehen: *Es gilt das gesprochene Wort* (wobei dann allerdings oftmals das geschriebene, aber nicht gesprochene Wort zum Beispiel in Politikerreden Anlaß zu allerhand Mutmaßungen bietet).

Form eines schriftlichen Manuskripts

Benötigen Sie ein schriftliches Manuskript, ist es nicht zweckmäßig, engbeschriebene DIN-A4-Seiten zu verwenden. Sie sind nicht nur unhandlich (und unansehnlich) beim Vor- und Rückwärtsblättern, sie erschweren auch den Blickkontakt zu Ihrem Publikum. Verlieren Sie beim Vortrag eine Zeile, dann ist es auf einer solchen großen Seite sehr viel schwieriger, den Anknüpfungspunkt wieder zu finden. Deshalb verwenden Sie besser DIN-A5-Blätter. Anderthalbzeilig beschrieben, ergeben sie pro Blatt je nach Redegeschwindigkeit eine Rededauer von etwa ein bis zwei Minuten. Damit sind sie nicht nur handlicher und übersichtlicher, sondern gleichzeitig eine zuverlässige Anzeige über Zeit und Ablauf Ihres Vortrages. Geeignet sind auch kleinere Zettel oder Karteikarten, gegebenenfalls farblich unterschiedlich, auf denen Sie Ihre Gliederung in der logischen Abfolge skizzieren. Diese Vortragstèchnik setzt allerdings schon ein wenig mehr Übung voraus.

Für Geübte: Zettel und Karteikarten

Je weniger fest Sie beim Vortragen am Manuskript kleben, desto besser können Sie mit Ihrem Publikum kommunizieren, seine Reaktionen auf Ihren Beitrag aufnehmen und umsetzen, desto freier und überzeugender wirken Sie auf Ihr Gegenüber. Hier hilft alles nichts: Nur ständige Übung macht den Meister. Üben Sie in den zahlreich und überall angebotenen Rhetorikkursen, üben Sie vor vertrauten Personen oder mit Tonband und Spiegel. Sprechen Sie laut, wie beim eigentlichen Vortrag, und machen Sie sich mit Ihrer eigenen Stimme, ihrer Möglichkeit oder auch Grenze vertraut. Wer zum ersten Male seine Stimme vom Tonband hört oder sich auf einer Videoaufzeichnung als Redeakteur sieht, ist nicht selten verdutzt: „Was, das soll meine Stimme sein?" – „So nervös fuchteln meine Hände beim Sprechen herum?" – „Habe ich ja gar nicht gewußt!" In diesen Übungen, im Versuch der Aufarbeitung dieser (auch selbst-)kritischen Beobachtungen steckt für jeden eine gehörige Portion positiver Selbsterfahrung.

Üben, üben, üben ...

Ob vollständig freie Rede oder Rückgriff auf ausgearbeitetes Manuskript, vermeiden Sie auf jeden Fall eine „Lesung". Auch wenn Sie nicht völlig ohne Manuskript auskommen, machen Sie sich durch Lesen, Memorieren und Artikulieren so lange mit Ihrem Text vertraut, daß Ihr Blick sich vom Manuskript lösen und dem Publikum zuwenden kann. Ihr Vortrag ist ja ein Dialog mit Ihren Zuhörern und kein Monolog ohne jede Rückkoppelung. Schließlich wollen Sie mit Menschen reden und nicht an die Wand.

Eine Rede ist keine Lesung

Publikum, Lampenfieber und Störungen

Lampenfieber vor einer Rede ist eine ganz natürliche Reaktion auf eine Streßsituation. Der wenig geübte Redner empfindet sie nicht weniger stark als ein geübter. Während der erste befürchtet, daß er seine Selbstsicherheit nicht findet, um beim Publikum anzukommen, bangt der zweite darum, sie zu verlieren, wenn er nicht ankommt. In beiden Fällen helfen weder Medikamente, schon gar kein Alkohol. Die beste Therapie ist ein möglichst schneller Kontakt zum Publikum und eine richtige Atmung. Letzteres läßt sich lernen, am besten unter fachkundiger Anleitung, durch autogenes Training.

Gut gegen Lampenfieber: autogenes Training

Ein schneller und guter Kontakt mit dem Publikum läßt sich am besten dadurch aufbauen, daß Sie sich in Ihrem Zuhörerkreis ein Ihnen vertraut oder angenehm erscheinendes Gesicht als „Ansprechpartner" aussuchen. Der Blickkontakt mit diesem Zuhörer signalisiert Ihnen freundliches Interesse und erwartungsvolle Aufmerksamkeit. Kommt Ihre Botschaft bei diesem „Empfänger" gut an, dann erweitern Sie Ihr Gesichtsfeld ständig und mit zunehmender Sicherheit so lange, bis Sie „sehen", daß alle Sie „hören". Dies setzt voraus, daß Sie nicht an Ihrem Manuskript ständig kleben bleiben, sonst reißt der Kontakt ziemlich schnell ab, und das Publikum beschäftigt sich schließlich anderweitig.

Blickkontakte suchen

Eine zunehmende Unruhe mit Geraschel und Getuschel signalisiert höchsten Alarm. Als souveräner Redner werden Sie gut mit kleinen oder größeren Pannen und Störungen fertig. Allerdings läßt mancher erfolgsverwöhnte Routinier sich schon zu totalen Überreaktionen verleiten, weil er vielleicht eine unabsichtliche Störung als bewußte Provokation fehlinterpretiert.

Störer isolieren

Stimmt Ihr Kontakt mit Ihrem Publikum, kann Ihnen nicht viel passieren. Kleine Pannen und Störungen werden ignoriert oder mit wohlwollender Schlagfertigkeit aufgenommen und beseitigt. Mutwillige einzelne Störer isolieren Sie in der Zuhörergemeinschaft durch Appelle an Fairneß, Gruppeninteresse und -solidarität als Außenseiter und Alleingänger. Sollte Ihnen allerdings einmal auch das Pech unterlaufen, bei Ihrer Rede auf eine gemeinsame Ablehnungs- und Abwehrfront zu stoßen, dann versuchen Sie nicht als Märtyrer durchzuhalten. Verschaffen Sie sich mit einem souveränen freundlichen Abschiedswort einen „unheimlich starken Abgang".

Ein wesentlicher Faktor: die Körpersprache

Wie Sie als Festredner bei Ihrem Publikum „ankommen", hängt nicht nur von Ihrer Rede, Ihrem gesprochenen Wort ab. Es registriert Ihre ganze Persönlichkeit, was Sie anhaben, wie Sie sich bewegen, stehen oder sitzen, ob Sie laut oder leise sprechen, die Hände in den Hosentaschen vergraben oder mit ihnen in der Luft herumfahren. Nur rund ein Drittel des Eindruckes und der Informationen, die Sie an Ihr Gegenüber vermitteln, erfolgt über das gesprochene Wort. Zwei Drittel vermitteln Sie „nonverbal" über Ihre Körpersprache: über Mimik, Gestik, über Ihre Haltung zum Beispiel. Die nachfolgenden Darstellungen (Seite 26 und 27) sollen Ihnen einen groben Überblick über die Wirkung von Körpersprache geben.

Sie kommunizieren also bereits mit Ihrem Publikum, bevor Sie überhaupt das erste Wort gesprochen haben. Es registriert die Signale, die Sie aussenden. Manche dieser Signale werden bewußt empfangen und beurteilt, andere intuitiv. So kann zum Beispiel falsch gewählte Kleidung mehrere Urteile hervorrufen: Von der totalen Gleichgültigkeit des Betrachters bis zum Vorwurf an Sie, gegen Konventionen zu verstoßen aus Bequemlichkeit, Nachlässigkeit oder mangelndem Verständnis bis

Körpersprache

Die offene Haltung des Redners demonstriert Sicherheit

Festhalten und Blick nach unten signalisieren Unsicherheit

Offene Sitzhaltung:
Beine parallel, Blickkontakt, Zuwendung

Verschlossen-abwehrende Sitzhaltung: verschränkte Arme und Beine, erhobene Fußspitze

Offener freundlicher Gesichtsausdruck weckt Sympathien

Unfreundlich-ablehnender Gesichtsausdruck verbreitet Mißmut

Symmetrische Körperhaltungen und Blickkontakt: Zuwendung, Partnerschaft

Abweisende Körperhaltung: Abwendung und Blick über die Schulter

zur Überheblichkeit. Wie Sie sich hinstellen oder hinsetzen und wie Sie sich bewegen, kann Ihnen ausgelegt werden als Bequemlichkeit, als Schüchternheit, als Arroganz, als Flegelei oder Aggressivität. Ob Sie laut oder leise reden, kann interpretiert werden als Schüchternheit oder übertriebene Selbstdarstellung, je nachdem, wie die „Signale" zu dem passen, was Sie sagen.

Die Körpersprache spricht das Gefühl an

Die meisten Ihrer Zuhörer können diese Körpersprache vielleicht nicht erklären oder deuten. Verstanden wird sie trotzdem, meist gefühlsmäßig. Aufgenommen werden insbesondere Widersprüche zwischen dem Gesagten und der Körpersprache. Etwa dann, wenn Mimik und Gestik das Gegenteil von dem ausdrücken, was Sie sagen.

Ein gesagtes „Herzliches Dankeschön" mit einem spöttischen Unterton, einer hochgezogenen Augenbraue oder einem ironischen Lächeln, womöglich mit einer abwertenden Handbewegung signalisiert, daß es nicht ernst gemeint ist, daß Sie „lügen". Ihre Glaubwürdigkeit ist dahin, Ihre weiteren Darlegungen stoßen auf Skepsis, Ablehnung, manchmal Feindschaft. Das Gleiche passiert, wenn Sie versuchen wollen, mit Ihrer Körpersprache zu „mogeln". Sie können ein wenig schauspielern, sich auch als Pantomime üben. Körpersprache bewußt steuern oder ausschalten gelingt Ihnen kaum. Sie wird im Unterbewußten gesteuert und ist damit im Regelfall zumindest nicht manipulierbar. So registriert Ihr Publikum ein aufgesetztes Lächeln genauso aufmerksam wie einstudierte Gesten und Tonlagen. Ihre Glaubwürdigkeit, Ihre Überzeugungsfähigkeit hängen davon ab, daß das gesagte Wort mit den Signalen übereinstimmt, die Sie gleichzeitig aussenden.

Selbstverständlich ist diese nonverbale Kommunikation keine Einbahnstraße. Auch Ihr Publikum „redet" mit Ihnen, selbst wenn es schweigt. Sie können im wahrsten Sinne des Wortes sehen und fühlen, ob Ihnen zugehört wird und ob Sie verstanden werden. Ein leichtes Kopfnicken oder Kopfschütteln da, ein Lächeln dort, ein abwesender Blick oder auch ein verstecktes oder offenes Gähnen – aus alledem können Sie Ihre Rückschlüsse als Redner ziehen. Das setzt voraus, daß Sie mit Ihrem Publikum in ständigem Blickkontakt stehen. Bricht er ab, sind Sie isoliert. Aus Ihrem Dialog mit dem Publikum wird ein Monolog. Lange Monologe fesseln selten, sie werden schnell langweilig und stoßen ab. Suchen Sie also mit Ihrer Rede und Ihrer Körpersprache den Dialog mit Ihrem Publikum, und achten Sie darauf, daß er zwischendurch nicht abreißt: Dann erst haben Sie als Redner überzeugt.

Dialog statt Monolog

Checkliste für die Vorbereitung und den Vortrag

- **Sind Ort, Zeit und Thema genau abgesprochen?**

Äußere Gegebenheiten

Wenn schriftliche Vorankündigungen und Einladungen geplant sind, sind sie rechtzeitig und zutreffend erfolgt und alle Betroffenen unterrichtet?
Wie lange sollen Sie sprechen, und liegt der Termin Ihnen physisch und psychisch?
Sind die Verhältnisse des Raumes bekannt?
Kann das Publikum sich darin wohl fühlen?
Benötigen Sie technische Hilfsmittel wie Mikrofon, Projektionsapparat, Flip, Charts usw.?

- **Wie setzt sich Ihr Publikum zusammen?**

Das Publikum

Bekannte, Fremde oder mit welcher Mehrheit gemischt?
Wer ist der Adressat Ihrer Festrede, eine Einzelpersönlichkeit, eine ganze Gruppe oder Organisation?

Kennen Sie Ihre Freunde und Feinde im Publikum?
Haben Sie sich eine erste „Bezugsperson“ im Publikum gewählt?
Haben Sie Ihren Beitrag mit möglichen Vor- und Nachrednern inhaltlich und zeitlich abgestimmt? Oder müssen Sie gegebenenfalls spontan entgegnen?
Sind Vertreter von Presse, Funk und Fernsehen anwesend, und benötigen diese von Ihnen Informationsmaterial?
Welches private, gesellschaftliche und politische Umfeld besteht?
Welche Kleiderordnung herrscht?

Die Vorbereitung

Haben Sie Ihren Redestoff gut vorbereitet?
Alle Informationen auf dem neuesten Stand?
Alle persönlichen Daten ohne Brisanz oder Verletzung von Intimsphäre zu verwenden?
Können Sie innerhalb der Redezeit Ihr Publikum logisch und emotional beeindrucken und überzeugen?
Erkennt man in Ihrer Sprache und Ihrem Wortschatz auch Sie selbst wieder, und ist aller überflüssige Ballast entfernt?
Haben Sie eine Uhr im Blickfeld, um die Rededauer zu kontrollieren?

Praktische Beispiele für Festreden

Bausteine für Ihre eigenen Reden

Nachstehend sind zahlreiche Beispiele von Festreden in der Familie, im Beruf und im Verein aufgeführt. Diese praktischen Redebeispiele sollen Anregungen für Sie bieten, es selbst einmal als Festredner zu versuchen. Die darin verwandten Anreden, Namen, Orte und Ereignisse sollen Ihnen beispielhaft nahebringen, wie Sie eine solche Ansprache vor- und aufbereiten können. Sie sind als Bausteine ausgearbeitet, die Sie je nach Redezweck oder -dauer zusammenstellen können. Diese Muster sind als Anregungen gedacht für Ihr eigenes Konzept, als erste zündende Idee. Ergänzen und wandeln Sie diese Bausteine ab durch individuelle Erlebnisse, familiäre oder berufliche Vorkommnisse und Gemeinsamkeiten. Übersetzen Sie die einzelnen Beiträge in Ihre eigene Umwelt und Sprache – und schon wird aus einem Redemuster Ihre eigene, ganz persönliche Musterrede. Berücksichtigen Sie dabei auch die praktischen Hinweise und Tips dieses Buches für die Vorbereitung Ihrer Rede.

Dann werden Sie ganz sicher immer und überall aufmerksame Zuhörer finden.

Festreden in der Familie

Festrede zur Geburt – Großeltern gratulieren

Liebe Kinder, verehrte Gäste,

Der Anlaß

als glückliche Großeltern, noch dazu beim langersehnten ersten Enkel, haben wir Sie (euch) alle heute nachmittag zu uns eingeladen, um gemeinsam mit der ganzen großen Familie, den Freunden und Nachbarn die glückliche Geburt der kleinen Stefanie ein wenig zu feiern. Nun liegt zwar die Hauptperson der kleinen Feier satt und zufrieden in ihrem Körbchen nebenan und hat so wohl am allerwenigsten davon. Aber wir wollen die kleine Atempause, die sie ihrer strapazierten Mutter zwischen zwei Mahlzeiten läßt, nutzen, um ein Gläschen auf das Wohl unseres jüngsten Familienmitgliedes und seiner glücklichen Eltern zu trinken. Dies entspricht altem Brauch in der Familie: Dann, wenn alle Aufregungen, die eine Geburt so mit sich bringt, langsam abgeklungen sind, sich ein wenig zusammenzusetzen im wieder größeren Kreis, ein bißchen zu plaudern und Erfahrungen auszutauschen. Kurz, alles das wieder ein wenig nachzuholen, was in den letzten Monaten, vor allem aber in den letzten Wochen aus Rücksicht auf Mutter und Kind zu kurz gekommen ist.

Auf die Eltern!

Der erste Schluck gebührt ganz selbstverständlich den Eltern. Du, liebe Billy, und du, lieber Christian, habt ja nun schon zwei ganze Wochen, seit Klein-Stefanie geboren ist, ein völlig neues Familiengefühl erleben dürfen. Unübersehbar, vor allem aber unüberhörbar verlangt die junge Dame ihr Recht. Macht Mutter und Vater notfalls auch lautstark klar, wer in den nächsten Wochen und Monaten Programm und Termine der Familie bestimmt. Aber wenn man euch Dreien so zuschaut, spürt man, daß ihr mit der neuen Rollenverteilung eigentlich ganz zufrieden seid. Und wir wünschen euch von ganzem Herzen, daß es auch so bleibt.

Gute Wünsche dem Kind

Der zweite Schluck gebührt Klein-Stefanie. Möge sie wachsen und gedeihen und all die guten Wünsche und Hoffnungen rechtfertigen, die wir ihr mit auf den Weg gegeben haben.

Ein Hoch auf die Großeltern

Der dritte Schluck gebührt den stolzen und glücklichen Großeltern, die so lange und geduldig auf den ersehnten ersten Enkel haben warten müssen.

Dank an die Gäste

Der vierte Schluck gilt aber euch allen. Ihr habt mit eurem heutigen Kommen gezeigt, daß der Müllersche Familiensinn auch in diesen unruhigen Tagen gepflegt und hochgehalten wird. In dieser Gemeinschaft kann und darf sich jeder willkommen und geborgen fühlen, der sich nicht selbst ausschließt. Und was gäbe es für eine solche Gemeinschaft einen schöneren Anlaß, sich für ein paar gemütliche Stunden zusammenzusetzen, als jemanden neu in diesem Kreise aufzunehmen.

Hoffnungen

Klein-Stefanie ist für uns alle, vor allem aber für uns Ältere, Hoffnung und ein wenig Sicherheit, daß unsere Gemeinschaft auch in Zukunft bestehen kann. Sie ist in eine Zeit geboren, die mit vielen Hoffnungen und Wünschen, aber auch Ängsten in ein neues, aufregendes Jahrtausend überleitet. Hoffen wir für das Kind, hoffen wir für seine Eltern und für uns alle, wenn wir es noch miterleben dürfen, daß es gute, vor allem aber friedliche Jahre werden mögen.

Darauf sollten wir alle zusammen nun einen kräftigen Schluck trinken. Prosit – auf eine glückliche Zukunft.

Festrede zur Taufe – Paten begrüßen Gäste

Liebe Ingrid, lieber Peter,
liebe Freunde, verehrte Gäste,

Die Hauptperson

wir haben uns hier zum festlichen Taufmahl versammelt. Die wichtigste Person zu diesem feierlichen Anlaß fehlt in unserem Kreise. Melanie liegt nun wohlbehütet, gut versorgt und warm verpackt in ihrem kleinen Bettchen. Aber wie es nun einmal ebenso angenehme wie selbstverständliche Pflicht für Paten ist, stellvertretend für ihr Patenkind zu handeln, darf ich mich heute nun zum zweiten Male der schönen Aufgabe zuwenden, für Melanie zu sprechen.

Heute morgen habe ich in der Kirche stellvertretend für sie das Taufgelöbnis abgelegt. Nun darf ich Sie, nun darf ich euch alle gewissermaßen in ihrem Namen ganz herzlich willkommen heißen zu ihrem Tauffest. Dank allen, die uns auf dem Wege in die Kirche begleiteten und mit uns jetzt das festliche Taufmahl einnehmen wollen. Dank für die vielen schönen Geschenke und die vielen lieben, guten Wünsche. Dank unserem Pfarrer Kohl, der den Taufgottesdienst so eindrucksvoll gestaltet hat. Dank aber auch euch, liebe Ingrid, lieber Peter, für eure große und liebe Mühe, diesen ersten großen christlichen Festtag für euer Kind und uns so unvergeßlich zu gestalten.

Der Sinn der Patenschaft

Uns Paten, ich darf das natürlich auch für die Patentante Christine sagen, ist eine schöne und wichtige Aufgabe übertragen worden. Wir verstehen unsere Aufgabe nicht so, daß wir ab und zu einmal vorbeischauen und pünktlich zu allen Gedenk- und Feiertagen mit Geschenken vor der Haustüre stehen. Natürlich soll es auch daran nicht fehlen. Unsere Hauptaufgabe sehen wir vielmehr darin, unserem Patenkind Betreuer im Sinne der christlichen Gemeinschaft zu sein, bis es selbst als junger Mensch über seinen weiteren Weg frei entscheiden wird. Als stets hilfsbereite Ansprechpartner und treue Weggenossen wollen wir den Eltern und dem Kind stets als verläßliche Freunde zur Seite stehen. Wir wollen Paten sein, die mit ihrem Ehrenamt Mitverantwortung übernommen haben für die gedeihliche Entwicklung unserer kleinen Melanie.

Für sie und die glücklichen Eltern beginnt heute eine neue Zeitrechnung. Ein neuer Weg beginnt in die Zukunft. Daß Glück, Gesundheit, Zufriedenheit und Liebe ihn ebnen mögen, dafür wollen wir stets und gerne zur Verfügung stehen. Ich bitte Sie alle, mit mir das Glas zu erheben und unseren größten Wunsch jetzt auszusprechen: daß Melanie und ihren Eltern eine gute Zukunft beschert sein möge. Und im Namen von Melanie darf ich anfügen: herzlich willkommen und danke, daß ihr mit uns mein Tauffest feiern wollt. Zum Wohle!

Wünsche für die Zukunft

Festrede zur Kommunion – Eltern sprechen

Mein lieber Markus,
liebe Freunde, verehrte Gäste,

die erste heilige Kommunion ist ein ganz besonderer Tag im Leben eines gläubigen Katholiken. Das zeigt nicht nur der festliche Rahmen, in dem wir heute hier zusammentreffen, nicht die vielen Gäste, die mit dem jungen Kommunikanten diesen wichtigen Tag erleben wollen, und ganz sicher auch nicht die reichliche Geschenktafel. Die heilige Kommunion ist eine symbolische Darstellung des Opfers Christi und der Barmherzigkeit Gottes. Und so mag es durchaus sein, lieber Markus, daß die wahre und letzte Bedeutung dieses so überaus wichtigen Tages sich dir erst langsam voll erschließt, wenn du etwas älter geworden bist. Aber heute bist du durch deine erste heilige Kommuni-

Bedeutung der Kommunion

on als vollwertiges Mitglied in unsere Kirche aufgenommen worden.

In den Vorbereitungsstunden hat euch euer Pfarrer, viel besser als ich das hier könnte, von euren Rechten, aber auch von euren Pflichten erzählt, die euch mit dem heutigen Tage zugestanden und auferlegt worden sind. Was du daraus in deinem Leben machen wirst, wissen wir heute noch nicht. Wir als deine Eltern wollen dir aber künftig dabei helfen, wenn du für dich selbst nach deinem richtigen Wege suchst.

Hilfe bei der Sinnsuche

Gerade in diesen Zeiten, wo viele Menschen an sich selbst und ihrer Zukunft verzweifeln möchten, wo die Antworten auf Fragen und die Lösung von Problemen scheinbar immer schwieriger werden, gerade in diesen Zeiten kann der gläubige Mensch in der Gnade und Barmherzigkeit Christi Ruhe und Geborgenheit finden. Aber diese sichere Gewißheit muß jeder an sich selbst erfahren. Man muß sie erst kennenlernen, nach ihr suchen, ja, oft muß man auch erst um sie kämpfen. Ich will dir damit sagen, daß du dein ganzes Leben lang wirst ringen müssen für deinen Glauben und deine Überzeugung. Aber auch, daß eine starke Gemeinschaft, in die du heute aufgenommen worden bist, dir dabei hilft und daß es sich lohnt, für seinen Glauben und seine Überzeugung zu kämpfen.

Heute wollen wir mit dir diesen wichtigen Tag feierlich begehen. Alle deine Gäste wollen dir mit ihrem Kommen zeigen, daß sie sich mit dir und uns, deinen Eltern, von Herzen freuen, daß du mit dem heutigen Tag als vollwertiges Mitglied in unsere heilige Kirche aufgenommen worden bist.

Festrede zur Konfirmation – Paten sprechen

Meine liebe Angelika,
liebe Ursula, lieber Gerhard, liebe Freunde,

heute morgen haben wir mit dir, liebe Angelika, im feierlichen Gottesdienst dein Glaubensbekenntnis vor der Gemeinde erleben dürfen und zum ersten Male deine Teilnahme am Fest des heiligen Abendmahles. Die Konfirmation ist nicht nur ein wichtiges kirchliches Fest im Leben einer Gemeinde, sondern auch ein Meilenstein im Leben eines jungen Protestanten. An diesem Tage legt er aus eigenem freien Entschluß vor der versammelten Gemeinde öffentlich Bekenntnis ab zu seinem christlichen Glauben.

Bewußtes Bekenntnis zum Glauben

Einen solchen Entschluß zu fassen und ihn auch öffentlich zu bekräftigen ist heute gar nicht mehr so einfach. Ich weiß nämlich aus vielen Gesprächen, daß Jungen und Mädchen in deinem Alter häufig davor zurückschrecken, sich öffentlich zu irgend etwas zu bekennen und schon gar nicht zu ihrem Glauben. Oder, was ich eigentlich noch viel deprimierender finde, daß nicht wenige dieses kirchliche Fest einfach im wahrsten Sinne des Wortes in Kauf nehmen, weil auf diese Weise eine ganze Menge Wünsche auf einen Schlag erfüllt werden können. Das Glaubensbekenntnis als Voraussetzung für Geschenke.

Es mag für das eine oder andere eine Reihe verschiedener Ursachen geben, über die wir nicht urteilen wollen. Vielleicht ist es eine Folge der Zeit, in der Geld, Einfluß, Fortschritt von vielen viel wichtiger eingestuft werden als Überzeugung und Glauben. Du, liebe Angelika, hast dir aber aus freien Stücken den unbequemeren, aber schwierigeren Weg ausgesucht. Und ich wünsche dir heute von Herzen, daß dein künftiges Leben dir immer bestätigen wird, daß es auch der richtige war.

Festrede zum Schulabschluß – Großeltern sprechen

Lieber Oliver,

Ein Ziel ist erreicht

die Schule ist geschafft. Viele Jahre Ausdauer, Fleiß sind belohnt, das Ziel ist erreicht. Ein wichtiger Lebensabschnitt bewältigt. Vieles ist uns Älteren und Alten fremd geblieben: Lerninhalte, Notensysteme, Schulformen. Für manches müssen Kinder heute in der Schule den Kopf hinhalten, was Schulpolitiker aller Couleur verbockt haben. Noch nie ist aus unserer Sicht an den Schulen soviel Unruhe gewesen wie in den letzten Jahren, noch nie ist so viel herumexperimentiert, eingeleitet und wieder zurückgenommen worden, ohne daß es den Schülern erkennbar weitergeholfen hätte. In einer solchen unruhigen Umgebung Nerven und Übersicht zu bewahren, das Lernziel nicht aus den Augen zu verlieren und ohne die üblichen „Warteschleifen“ den Schulabschluß zu schaffen, ist in unseren Augen schon eine Leistung.

Ausblicke

Die erste Ausbildungsetappe hast du damit mit Bravour geschafft. Das darf dir Sicherheit und Optimismus für die nächsten geben. Auch wenn der anschließende Wehrdienst/Zivildienst nunmehr einen gewissen Einschnitt bringt, solltest du ihn aber nicht als verlorene Zeit ansehen. Behalte diese Monate als Chance, dich nach den langen Jahren auf der Schulbank neu zu orientieren, dich umzuschauen und zu prüfen, ob Berufsneigung und Zukunftsaussichten im Beruf zueinander passen, ob die Ausbildung schließlich zu einer Arbeit führt, die ein ganzes Berufsleben Zufriedenheit und Anerkennung bringen muß. Mit deinem guten Schulabschluß hast du heute den Grundstein gelegt für eine fundierte Berufsausbildung. Und diese ist unabdingbare Voraussetzung, wenn auch schon lange nicht mehr Garantie, für einen zukunftssicheren Arbeitsplatz.

Lieber Oliver, deine Großeltern sind stolz auf diesen tollen Abschluß. Und als Erinnerung an diesen Tag haben wir unseren Beitrag in diesen Umschlag gesteckt. Er wird dir helfen, den geplanten Fahrradurlaub auf einem neuen „bike" zu machen, so heißen die Dinger ja heute neumodisch. Wir wünschen dir einen guten Start in den neuen Lebensabschnitt – und gute Fahrt in den verdienten Urlaub.

Eine Belohnung

Festrede zum Ende der Ausbildung – Eltern gratulieren

Liebe Sabine,

wir haben uns hier an der schön gedeckten Festtafel zusammengefunden, um mit dir das Ende deiner Lehrzeit zu feiern. Am heutigen Tag hast du deine Lehre als Bankkaufmann, besser gesagt als Bankkauffrau, abgeschlossen. Daß dieser Abschluß auch noch in der Gruppe der Prüfungsbesten gelungen ist, hat dir ja schon eine Urkunde der Industrie- und Handelskammer und eine stattliche Geldprämie deiner Bank eingebracht. Wir freuen uns mit dir über diese große Anerkennung und hoffen mit dir, daß auch in deinem künftigen Berufsleben jede gute Leistung ein solches Echo findet. Denn was nützen schon alle Anstrengung, Einsatz und Ehrgeiz, wenn sich der Erfolg nicht auch nach außen sichtbar einstellt.

Eine Glanzleistung

Wir haben uns heute im Kreise der Familie und deiner Freunde hier eingefunden, um mit dir diesen Erfolgstag als krönenden Abschluß einer langen Ausbildungszeit festlich zu begehen. Zugleich wird es ja ein kleines Abschiedsfest auf Zeit, da du ja nach deinem wohlverdienten Urlaub von deiner Bank für ein paar Monate zur Aufbauarbeit in eine neue Zweigniederlassung nach Sachsen-Anhalt abgeordnet worden bist. Das bedeutet für dich

Neue Herausforderungen

gleich einen doppelten Aufbruch in einen neuen Lebensabschnitt. Zum einen die Loslösung aus einer relativ starren und zeitlich genau festgelegten Ausbildungszeit mit ebensolchen Inhalten in eine neue Aufgabe, in der Improvisationslust, Einsatzfreude und Risikobereitschaft ganz besonders gefragt sind, und das bei aller nüchternen Zurückhaltung, die bei Bankern dazugehört.

Insofern wirst du sehr bald in eine neue Aufgabe hineinwachsen, die nicht nur für dich selbst, sondern auch für die von dir dort betreuten Menschen und Betriebe von ganz großer Zukunftsbedeutung werden wird. Wer die Probleme des Zusammenwachsens der neuen mit den alten Bundesländern kennt, weiß nicht nur um die Schwierigkeiten dieser Aufgabe, sondern auch um den besonderen Reiz und die Chancen, sie anzupacken und zu bewältigen. All dieses ist am heutigen Tag Grund genug, ein wenig zusammen zu feiern: das bisher Erreichte und das angestrebte Ziel vor Augen.

Glückwünsche

Wir wissen, liebe Sabine, daß du mit der dir eigenen Hartnäckigkeit, aber auch der notwendigen Diplomatie deinen Weg weiter gehen wirst. Daß dir in den kommenden Jahren dein beruflicher Erfolg und dein privates Glück auch weiterhin treue und verläßliche Wegbegleiter sein mögen, das wünschen wir dir alle am heutigen Tag von ganzem Herzen. Und dies sollten wir nunmehr auch mit einem kräftigen Schluck auf unsere Sabine begießen: Prosit und guten Appetit!

Festrede zur Verlobung – Geschwister gratulieren

Liebe Eva, lieber Dirk,

zu eurer Verlobung unseren herzlichsten Glückwunsch. Diese Überraschung, die ihr uns vor wenigen Tagen eröffnet habt, hat uns echt vom Stuhl gehauen. Wer hätte denn das geglaubt? Als Verlobte grüßen Eva und Dirk!

Und seit der Zeit darf nun über die Beweggründe spekuliert werden. Früher war die Verlobungszeit als Probezeit vor der Ehe sozusagen augenzwinkernd die gesellschaftliche Duldung einer Reihe von – sagen wir mal – Freiheiten und Vorrechten, die sonst nur Verheirateten zustanden. In allen Ehren, versteht sich. Verlobte wurden von moralbewußten Vermietern früher auch schon mal bis über die kritische Zeitgrenze von 22 Uhr geduldet; eine Grenze, deren Überschreiten früher oftmals mit dem Eintritt in das Reich der Sünde gleichgestellt war. Nachdem ihr aber nun schon seit über zwei Jahren zusammenwohnt, kann dies wohl schwerlich ein ernsthafter Grund gewesen sein. Eine andere Umschreibung für Verlobung lautet gar: absichern und weitersuchen. Aber auch das scheint nicht zutreffend zu sein, weil ja Gott sei Dank unser gesellschaftliches Zusammenleben – vor allem zwischen uns Jungen – den persönlichen Freiraum nicht mehr so einengt, daß man sich nicht offen und ungezwungen für oder gegen einen Partner entscheiden könnte, ohne Rücksichtnahme darauf, was andere davon halten oder dazu sagen. Wenn es also dies beides schon nicht ist, was könnte es dann noch für ein Grund gewesen sein? Etwa die freudige Erwartung eines reichen Geschenkesegens? Auch das kann es in realistischer Einschätzung unserer leeren Geldbeutel nicht gewesen sein.

Probezeit mit kleinen Freiheiten?

Absichern und weitersuchen?

Der wahre Grund

Also kann es nur, muß es einfach aus Liebe passiert sein. Auf diese Erklärung haben wir uns schließlich nach langem Grübeln geeinigt. Dies ist auch der Grund für dieses Fest, vor allem für diese meine Festrede. Wir freuen uns mit euch, daß ihr euch mit dem heutigen Tag auch nach außen ganz formell zu eurer Liebe und Partnerschaft bekennen wollt. Insoweit hat auch ein altmodischer

Brauch von seiner Wirkung auf andere nichts verloren. Wir halten euch ganz fest die Daumen, daß euer Bündnis auch in schwierigeren Stunden überdauert. Wir wünschen euch so viel Glück, wie ihr vertragen könnt, ohne übermütig oder gleichgültig zu werden, und die Erfüllung fast aller Träume, die ihr von der Zukunft träumt. Wir haben uns auf euer heutiges Fest unheimlich gefreut und euch natürlich auch etwas zur Erinnerung an diesen Tag mitgebracht. Wir haben alle zusammengelegt und auch die letzten Reserven geplündert. Ahnt ihr schon, was sich in diesem Karton verbirgt? Wir schenken euch gemeinsam zu eurer Verlobung eine Videokamera, so daß ihr künftig alle wichtigen Stationen eures Zusammenlebens in Bild und Ton aufzeichnen könnt. Viel Spaß damit und euch beiden eine glückliche Zukunft!

Ein passendes Geschenk

Festrede zur grünen Hochzeit – ein Vater spricht

Liebe Kinder,
verehrte Gäste,

für einen Brautvater ist dies sicherlich einer der schwersten Tage. Zuerst muß er seine Tochter hergeben und dann auch noch dafür bezahlen. Und nun soll er deshalb auch noch eine frohgestimmte Rede halten. Ist dies nicht alles ein wenig zuviel verlangt? Aber Spaß beiseite.

Liebe Renate, lieber Wolf,

zu eurer grünen Hochzeit darf ich euch unseren allerherzlichsten Glückwunsch aussprechen. Mögen Glück und Zufriedenheit stets euren gemeinsamen Lebensweg begleiten. Und wenn auf Dauer sich noch ein kleiner Wohlstand dazugesellt, bräuchtet ihr euch deshalb auch nicht unbedingt zu grämen. Ihr kennt euch nun schon über fünf Jahre. Also Zeit genug, sich gegenseitig genauer

Die besten Wünsche

kennenzulernen. Die Angewohnheiten zu studieren, die guten und die schlechten, und zu lernen, wie man am besten darauf reagiert, ohne den anderen zu verletzen. Diese lange Zeit des Sichkennenlernens, des Aufeinanderzugehens war für eure Partnerschaft keine verlorene Zeit. Wenn man euch so ansieht oder euch zuhört, spürt man sehr schnell, daß ihr euch gleich versteht, auch ohne viel zu reden. Das wird euch helfen, viele Mißverständnisse zu vermeiden. Ihr habt so den ganz großen Vorteil, schon am Beginn eurer Ehe all das erfolgreich abgeklärt und aufgearbeitet zu haben, was anderen gerade die ersten Jahre des Ehelebens noch zusätzlich erschwert.

Vertrautheit

Ihr könnt in der Sicherheit in das Eheleben starten, mit einem vertrauten und verläßlichen Partner alle künftigen Probleme schon meistern zu können. Und diese Sicherheit ist eine ganz entscheidende Säule für die Standfestigkeit einer harmonischen Zweierbeziehung. Ihr werdet euren Weg schon machen. Und diese Überzeugung ist es schließlich, die – um zu meinen Anfangsbemerkungen zurückzukommen – einen geplagten Brautvater dann doch etwas froher diesen Tag mitfeiern läßt.

Sicherheit

Wir haben lange auf eurer Geschenkliste gesucht, was wir euch zu eurer Hochzeit schenken sollten. Dann aber haben wir uns gesagt, wenigstens den Eltern sollte noch eine Überraschung erlaubt sein. Also von uns zu eurem heutigen großen Tag nichts Praktisches für den Haushalt. Auch nichts Überflüssiges. Aber immerhin etwas Flüssiges. In diesem Umschlag ist unser Beitrag für die Hochzeitsreise enthalten. Wir hoffen, daß ihr unser Geschenk nicht so anseht, als wäre uns nichts Besseres eingefallen. Ihr sollt es für die bevorstehende Reise so nutzen, daß diese Tage für euch zu einem unvergeßlichen Eindruck werden. Denn immerhin ist eine Hochzeitsreise ein Ereignis, das

Das Geschenk der Eltern

man im Leben nur einmal erlebt. Im Regelfall wenigstens, und wir wollen doch hoffen und wünschen, daß ihr zu diesen Regelfällen gehört.
Liebe Renate, lieber Wolf,

dies ist ein schöner und wichtiger Tag in eurem gemeinsamen Leben. Laßt uns alle zusammen ein Glas darauf trinken, daß alle Wünsche, Hoffnungen und Träume, die ihr an diesen Tag knüpft, auch in Erfüllung gehen. Wir halten euch ganz fest die Daumen!

Festrede zur Hochzeit – Brauteltern sprechen

Liebe Birgit,
lieber Jens,
verehrte Gäste,

wir freuen uns sehr, daß ihr / daß Sie alle unserer Einladung gefolgt sind und mit uns zusammen das Hochzeitsfest unserer Kinder Birgit und Jens feiern wollen. Zunächst aber auch von dieser Stelle ein herzlicher Glückwunsch an unser neuvermähltes Paar. Mögen nur Glück und Sonnenschein euch auf eurem gemeinsamen Lebensweg begleiten. Möge euer Entschluß, in Freud und Leid zueinander zu stehen, euch glückliche Tage bescheren und helfen, die schweren leichter zu überwinden.

Gute Wünsche

Liebe Birgit, du verläßt heute dein Elternhaus, um einen eigenen Hausstand zu gründen. Wir als deine Eltern sind ganz sicher, daß du diese für dich neue Aufgabe ebenso meistern wirst wie deine beruflichen Pflichten, die du ja vorerst noch weiter erfüllen willst. Die doppelte Belastung sollst du aber nicht unterschätzen, auch dann nicht, wenn ihr bei eurem bisherigen Vorhaben bleibt, auch die häusliche Arbeit gütlich zu teilen. Aber hier wird ebenso sicher wie unmerklich die Praxis der Theorie davoneilen.

Wir wünschen euch aber von ganzem Herzen, daß zusätzliche Pflichten, Lasten und der Alltagstrott euren Elan und eure Freude am gemeinsamen Neubeginn nicht allzu schnell zermürben. Auch wenn du uns heute sozusagen verläßt, in eure neue Wohnung ziehst, wissen wir, liebe Birgit, daß die enge Verbundenheit zu deinem Elternhaus und deiner Familie damit nicht unterbrochen wird. Denn du, lieber Jens, nimmst uns ja auch nicht unsere Birgit weg, sondern bist als Sohn in unsere Familie dazugekommen und von Anfang an auch völlig ohne Anpassungsschwierigkeiten von allen akzeptiert worden. So verlieren wir auch am heutigen Tag kein Kind, sondern haben sogar noch eines dazugewonnen. Ich will Euch heute sagen, daß wir hierüber sehr glücklich sind. Vielleicht gerade deshalb, weil dies nicht alltäglich ist. Weil häufig schon in der Partnerschaft der Kinder der schwerste Konfliktstoff mit den Eltern liegt. Weil oft zu wenig Toleranz auf beiden Seiten dann zu nicht wieder gutzumachenden Zerwürfnissen führt.

Ein neues Familienmitglied

Wir sind auf jeden Fall mit eurer Wahl, liebe Kinder, hoch zufrieden. Daß ihr dies auch immer bleiben werdet, wünschen wir euch heute von Herzen. Unser Hochzeitsgeschenk haben wir als Überraschung heute morgen in eurer Wohnung anliefern lassen. Es wird dies, wenn ich mal so sagen darf, das letzte unbefugte Eindringen in euer Reich gewesen sein. Wir hoffen aber, daß die neue Waschmaschine – das ist unsere Überraschung! – die bisher zwischen euch geführten Finanzierungsdebatten abkürzt. Vielleicht hilft das damit Eingesparte, den Hochzeitsurlaub zu verlängern.

Ein Überraschungsgeschenk

Liebe Birgit, lieber Jens, dies ist ein schöner und wichtiger Tag in eurem Leben. Laßt uns zusammen ein Glas darauf trinken, daß all eure Wünsche, Hoffnungen und Träume, die ihr an diesen Tag geknüpft habt, auch in Erfüllung gehen. Mutter und ich hoffen es von Herzen. Prosit!

Festgedicht zur Hochzeit – ein Freund trägt vor

Auch fürs Gästebuch geeignet

Liebe Ingrid, lieber Gerd!
Eure Hochzeit ist es wert,
ins neue Gästebuch zu schreiben,
was im Gedächtnis euch soll bleiben.

Was also steht uns heut ins Haus,
ein Tag vor heilig Nikolaus?
Mein Gott, wer hätte das gedacht,
daß ihr am 6. Hochzeit macht:

Der Grund für dieses Wagnis sei,
sagt Ingrid, Steuerklasse drei.
Als ob das Splitting für die Nöte
von Leib und Seele Ausweg böte.

Indes der neue Startversuch
ist für uns alle Grund genug,
euch Glück zu wünschen allezeit,
weil ihr jetzt so sehr mutig seid,
die Kür- und Probezeit zu kürzen
und euch ins Pflichtprogramm zu stürzen.

Der Volksmund sagt, der Würfe drei,
die stünden jedem Menschen frei.
Daß dieser jetzt der große sei,
das wünschen wir uns für euch zwei.

Was wünscht euch noch in dieser Stunde
die eingeladne Hochzeitsrunde?
Sie wünscht Zufriedenheit und Glück,
vereint voran – kein Blick zurück.

Gute Wünsche

Kein Alltagsfrust, nur frohe Tage,
vor allem, das steht außer Frage,
daß jeder so bleibt, wie er ist,
und auch im Ärger nicht vergißt,
was er bis heute hat geschworen.
Sonst hätt' die Liebe bald verloren.

Verloren auch, und das wär schlimm,
der steuerliche Zugewinn.
Weswegen, so wie Ingrid sagte,
allein sie diese Hochzeit wagte.

Auch wenn ihr dieses niemand glaubt,
sei eine Mahnung doch erlaubt:
Bewahrt euch euer neues Glück,
es ist nicht selbstverständlich euer.
Behandelt es als lieb und teuer,
erkämpft es weiter, Stück für Stück.

So laßt uns jetzt das Glas erheben,
symbolisch der, der nichts drin hat:
Gerd und Ingrid sollen leben
mitsamt dem Steuerzahlrabatt.
Prost!

Festrede zum 25. Hochzeitsjubiläum – Trauzeugen sprechen

Liebe Maria,
lieber Erik,

wenn zwei, wie ihr beiden, am heutigen Tage sich 25 Jahre lang in Freud und Leid die Treue gehalten haben, so ist das schon ein ganz wichtiger Anlaß für die ganze Familie und auch für die Freunde, sich zu Wort zu melden. Als euer damaliger Trauzeuge will ich das stellvertretend für alle anderen tun, die euch nun über ein gutes Vierteljahrhundert freundschaftlich verbunden sind. Eine Verbundenheit, teils schon von der gemeinsamen Schulzeit her, teils aus der Seite von Nachbarschaft und Beruf. Wir alle haben in diesen vergangenen 25 Jahren eine ganze Menge erlebt, Angenehmes, aber auch weniger Erfreuliches. Zu dem weniger Erfreulichen gehört, daß einige der alten, liebgewordenen Bande und Beziehungen zerstört sind, durch Wegzug oder Trennung, Streit

Trauzeugen erinnern sich

oder sogar, wie im Falle unseres unvergeßlichen Helmut, durch Tod.

Langdauernde Partnerschaften – bald schon von Seltenheitswert?

Zu dem Angenehmen – und nur hiervon wollen wir doch an einem solch schönen Jubiläumstag reden – gehört, daß wir an eurem Beispiel miterleben dürfen, daß trotz der Schwierigkeiten, Probleme und Rastlosigkeit unserer Tage eine Partnerschaft zufrieden und glücklich ein Vierteljahrhundert überdauert hat. Das sind schon Jubiläen, die immer seltener werden. Weil offenbar immer mehr Menschen unfähig sind, sich auf Dauer festzulegen, ohne Wenn und Aber, ohne Rückversicherung und Hintertür sich zu einer einmal getroffenen Entscheidung zu bekennen. Auch oder gerade dann, wenn der Reiz des Neuen vorbei ist und der Alltag mit seinen Problemen und Komplikationen langsam, aber sicher versucht, die Oberhand über das Spontane zu gewinnen.

Ihr beiden, verehrte Maria und lieber Erik, seid aber auch als altes Ehepaar noch jung geblieben. Jung genug jedenfalls, um euch nicht durch Alltagstrott, Routine oder Langeweile so einfangen zu lassen, daß nichts mehr von dem übriggeblieben wäre, was euch vor über fünfundzwanzig Jahren zusammengeführt hat. Ein altes, jung gebliebenes Glück, dem auch fünfundzwanzig Jahre nichts von seiner Ausstrahlung haben abnehmen können. Ihr beiden wart für uns alle immer ein gutes Beispiel, nicht lockerzulassen im ständigen Bemühen um den Partner. Auch oder gerade dann, wenn man glaubt, sich seiner sicher sein zu können. Eine Zweierbeziehung ist auf Dauer nämlich nur dann aufrechtzuerhalten, wenn man täglich neu um sie kämpft. Wenn man vom Partner nicht mehr erwartet oder verlangt, als man selbst zu geben bereit ist an Gefühlen, an Willen und an eigenen Standpunkten. Daß dies nie der bequemste Weg ist, wissen wir wohl alle. Aber es ist der einzig sichere Weg für eine Partnerschaft auf Dauer. Das habt ihr am heu-

Tägliches Engagement für die Beziehung

tigen Tag unter Beweis gestellt. Wir, eure Freunde, Nachbarn und Bekannten sind glücklich und stolz, mit euch so manches Stück dieses Weges haben gehen zu dürfen. Zu eurem heutigen Ehrentage gratulieren wir euch von Herzen. Möge euch ein gütiges Schicksal noch viele schöne Jahre voll Glück, Zufriedenheit und Gesundheit bescheren. Vielleicht ist es uns allen vergönnt, in gleicher Runde uns dermaleinst zum nächsten Hochzeitsjubiläum wieder zusammenzufinden. Darauf und auf euer ganz persönliches Wohl wollen wir nun unser Glas erheben. Prosit!

Festrede zum 25. Hochzeitsjubiläum – Eheleute sprechen abwechselnd

Auf die Betonung kommt es an!

Eva: Verehrte, liebe Gäste, Freunde, Nachbarn!
Adam: Willkommen auf unserem Fest!
Eva: Ein berühmter Verleger hat einmal gesagt: Zu einem Fest gehört eine *gelungene* Rede.
Adam: Nein, er hat gesagt: Zu einem *gelungenen* Fest gehört eine Rede.
Eva: Quatsch, er hat gesagt: Zu einem *gelungenen* Fest gehört auch eine *gelungene* Rede.
Adam: So oder so ähnlich haben viele Diskussionen zwischen uns angefangen.
Eva: Nicht alle endeten so friedlich wie diese, aber das wißt ihr ja.
Fangen wir also an:
Adam: Wir reden jetzt zusammen von einem Manuskript.
Eva: Eine neue rhetorische Kunstform, die wahrscheinlich als das sogenannte Silberhochzeitsgestammel in die Familiengeschichte eingehen wird.
Eva: Wir reden zu zweit:
Adam: Weil Eva immer übertreibt.
Eva: Und Adam alles vergißt.

Lauter Zufälle ...

Adam: Unser Motto: Zufall!

Eva: Daß wir heute feiern, hier feiern, ist die Folge einer Kette von Zufällen.

Adam: Erster Zufall: Meine Schwiegermutter wohnte Anfang der 40er Jahre in der Nachbarschaft meiner Eltern, und sie befreundeten sich. Ob sie damals schon dem Charme des jugendlichen Stammhalters der Familie erlag und zur Zukunftssicherung der eigenen Tochter bereits damals einen Schwiegersohn „parkte" – genau wie im Spionagemilieu –, also einen, der nach Bedarf zum Einsatz kommt, läßt sich nicht mehr mit Gewißheit klären. Ob und wo noch andere mögliche Kandidaten auf diese Art in Reserve lagen, wird sie heute sicher nicht verraten.

Eva: Zweiter Zufall: Im Jahre 1960 tauchte als Folge des ersten Zufalls bei uns in Hamburg ein Student aus Saarbrücken zum Pflichtbesuch auf, weil an diesem Tag nichts anderes los war. Wir gingen abends zusammen tanzen.
Wer Adams Tanzleidenschaft kennt, weiß: Das muß ein Zufall gewesen sein!

Adam: Vor dem dritten Zufall lag eine Absicht. Wir haben in München geheiratet und zogen nach Examen und Geburt der Tochter nach Wiesbaden.

Eva: Nun der dritte Zufall: Dort hörten wir von Freunden von einem idealen Ferienziel im Schwarzwald – sehr schön, aber auch recht einsam.

Adam: Das war der Möslehof hier in der Nähe. Dort wollten wir hin, da war unser zweites Kind auch schon dabei.

Eva: Per Zufall erfuhren wir Jahre später auf dem Möslehof von einem Haus in Rötenbach.

Adam: Hier sind wir jetzt, hier werden wir – soweit wir es erleben – aufs Altenteil ziehen.

Eva: Eine Reihe von Zufällen, die aber noch weitergeht.

Adam: Die Musikkapelle von hier ist befreundet mit der Kapelle aus dem Geburtsort unserer Tochter.

Eva: Der Nachbar meines Elternhauses wohnt jetzt ein paar Häuser nebenan hier im Ort.

Adam: Und schließlich: Per Zufall stellte sich heraus, daß unsere neuen Nachbarn in Wiesbaden über den Geburtsort von Eva auch noch mit uns verwandt sind.

Eva: Eine Reihe von Zufällen, über die man auch nicht rätseln soll. Wenn ich mein Nachbar hier am Ort wäre, Germanist und Philosoph dazu, würde ich es so sagen: Das Logische des Zyklischen alles Kreatürlichen sollte man nicht mutwillig sprengen.

... und Glücksfälle

Adam: Kein Zufall, sondern ein ausgesprochener Glücksfall ist es, daß die meisten der an diesen Zufällen Beteiligten heute hier sind.

Eva: Wir danken für euer Kommen und dafür, daß ihr teilweise eine lange Anreise auf euch genommen habt, um mit uns unser Fest zu feiern.

Adam: Wir begrüßen stellvertretend für alle unsere Mutter aus Neustadt, die an allem schuld ist, Hans und Sophie als die Ältesten und Marlon als den Jüngsten heute abend.

Eva: Wir begrüßen unsere Freunde und Verwandten aus

...

...

...

(nun abwechselnd die Orte aufzählen, aus denen die Gäste kommen, gegebenenfalls dabei die Gäste mit Vornamen oder Namen ansprechen)

Adam: Wir danken euch allen für euer Kommen, die vielen lieben Wünsche und die schönen Geschenke.

Eva: Wir denken aber auch ein wenig an die, die *nicht* kommen können.

Grüße, Dank und gute Wünsche

Adam: Wir danken der Familie Ganter und ihren Helfern vom Gasthaus „Rößle" für die Ausrichtung des Festes.

Eva: Wir wünschen euch ein paar schöne Stunden in Titisee.

Adam: Und ein paar nette Erinnerungen zum Mitnehmen nach Hause.

Eva hat wie immer das letzte Wort:

Eva: Nein, ausnahmsweise das letzte Wort.

Adam: Also, ausnahmsweise wie immer das letzte Wort:

Eva: Noch einmal: Herzlich willkommen und Prost!

Festrede zur Silberhochzeit – ein Sohn gratuliert

Liebe Eltern, verehrte Gäste,

was geht in einem Sohn vor, der seinen Eltern zur Silberhochzeit gratulieren darf? Drei Dinge sind es vor allem, die mir in diesen Tagen so durch den Kopf gegangen sind: Freude, Stolz und Dankbarkeit!

Freude

Freude darüber, daß ihr so augenscheinlich vergnügt und munter heute ein stolzes Jubiläumsfest feiern könnt. Ein Vierteljahrhundert bewährter Partnerschaft, die alle Schwierigkeiten, Probleme und Rastlosigkeit unserer Tage erfolgreich überwunden hat. Und Freude darüber, daß ihr dieses Fest inmitten einer so großen Zahl von Freunden und Gratulanten feiern könnt: denn dies zeigt ja, daß ihr andere an eurem Leben teilnehmen laßt, so wie ihr auch an ihrem Leben teilnehmt.

Ja, ein wenig Stolz gehört am heutigen Tag auch dazu. Er kommt vor allem euch zu. Denn ihr habt heute geschafft, was immer wenigeren gelingt. Ihr habt euch weder durch Alltagstrott, Routine oder Langeweile so einfangen lassen, daß nichts mehr von dem übriggeblieben wäre, was euch damals vor fünfundzwanzig Jahren zusammengeführt hat. Stolz darf am heutigen Tag natürlich auch euer Sohn sein. Stolz auf seine Eltern, die ein Vierteljahrhundert lang überzeugend vorgelebt haben, wie man eine Partnerschaft jung erhält.

Stolz

Auch Dankbarkeit darf man an einem solchen Tag nicht vergessen. Dankbar dafür, daß es ein Vierteljahrhundert gewesen ist in Gesundheit, in zufriedenstellenden wirtschaftlichen Verhältnissen, vor allem aber in Frieden. Gerade an einem solchen Jubiläum sollte man sich daran erinnern. An diese so überaus wichtigen Dinge, die uns schon so selbstverständlich geworden sind, daß wir häufig genug in Gefahr geraten, sie nicht mehr als das zu würdigen, was sie tatsächlich sind: Als ganz außerordentliche Geschenke oder auch Leihgaben, mit denen wir sorgsam umgehen sollten.

Dankbarkeit

Freude, Stolz und Dankbarkeit: diese drei Dinge sind es, die ein Sohn seinen Eltern zur Silberhochzeit sagen wollte. Und nur noch einen Wunsch möchte ich dem anfügen: Ich wünsche euch beiden von ganzem Herzen noch viele schöne Jahre voll Glück, Zufriedenheit und Gesundheit.

Festgedicht zum 50. Geburtstagsjubiläum – ein Freund trägt vor

Unserer Gerda zum Fünfzigsten:
Ein schöner Brauch aus alten Tagen
war, daß an hohen Festen
der Hofpoet vor allen Gästen
erfreute sie mit Vers-Aufsagen.

Hatt' er den großen Herrn besungen
und auch die Dame nicht vergessen,
kurz, war das Hohelied gelungen,
durft' er sogar am Tisch mitessen!

Dichtersorgen

Das ist doch Ansporn schon genug,
ein Gleiches heut zu tun, doch ach –
den Endreim ausdrucksvoll zu fassen,
stößt hier auf größ'res Ungemach:

Denn „Fünfzig" lyrisch zu gestalten,
ist schon kein einfacher Versuch.
Die Dichterstirn voll Sorgenfalten –
und nirgendwo ein Musterbuch!

Von Durst und Hunger angetrieben
wie der Poet in alten Tagen
will ich der Gerda heut, der lieben,
den Vers zum Fünfzigsten aufsagen.

Lob der Jubilarin

Was zeichnet unsere Gerda aus?
Sie ist am liebsten nur zu Haus,
umsorgt den Mann, küßt ihn und herzt,
bringt die Pantoffel, lacht und scherzt.

Pflegt Tennisarm, stillt Liebeskummer,
brät Bratkartoffeln, kocht den Hummer,
gräbt Garten um, bringt Bier nach oben,
wäscht Wäsche weiß, tut Hausherrn loben.

Bekocht die Kinder und kauft ein,
fährt Männe heim, wenn zuviel Wein
und zügelt ihn mit Pietät,
wenn manchmal ihm der Gaul durchgeht.
Lädt Leute ein und manchmal aus,
kurzum – die Seele von dem Haus.

Mit 50, Gerda, das ist klar,
wird alles besser, Jahr für Jahr.

Man wird nun sanfter, lieber, schlauer,
friedfertig auch, und das auf Dauer.

Geduldig wird man, tolerant,
stets ausgeglichen und entspannt.
Du wirst, auch wenn du skeptisch bist,
wie „Männe“, seit er 50 ist!

Was wünschen dir nun deine Gäste
zu deinem heut'gen Wiegenfeste?
Von allem einfach nur das Beste!
Und schenken dir, was keiner hat,
ein Gästebuch als Unikat:

Das Geschenk

Hier schrieb heut abend jeder was
in Lyrik, Prosa, Ernst und Spaß
zum 50. Geburtstagsgruß.
Jetzt hab ich Hunger und mach' Schluß!

Liebe Gerda, hier ist dein ganz persönliches Geburtstagsbuch.
Herzlichen Glückwunsch zum 50sten!

Festrede zum 60. Geburtstagsjubiläum – Kinder gratulieren

Liebes Geburtstagskind,

Auch mit 60 jung geblieben

wenn Kinder ihre Eltern zum 60. Geburtstag als „Geburtstagskind“ anreden und feiern, soll das zeigen, wie jung geblieben ihr in unseren Augen bis zum heutigen Tag geblieben seid. Heute haben sich alle dir zu Ehren hier im festlichen Kreis versammelt, um dir von ganzem Herzen Glück und Segen zu wünschen zu deinem 60. Geburtstag. Wir wünschen dir und uns, daß wir in Gesundheit und Frieden noch viele schöne Jahre zusammen verbringen dürfen. Alle diese guten Wünsche legen dir deine liebe Frau, deine drei Kinder, die vier Enkelinnen und Enkel und alle die vielen Verwandten, Freunde, Nachbarn und Kollegen heute auf den so reich gedeckten Geburtstagstisch. Mit unserem Besuch auf deiner Geburtstagsfeier, mit all den guten Wünschen und den schönen Geschenken wollen wir dir zeigen, mit wieviel Liebe, Zuneigung, Freude und Dankbarkeit wir deinen heutigen Ehrentag begehen wollen. Sechzig Jahre eines Lebens sind aus der Sicht deiner Kinder und der ganzen Familie ein langes Leben liebevoller Sorge und Mühen für die Deinen. Am heutigen Tag, an dem der langersehnte Ruhestand schon in greifbare Nähe rückt, kannst du dich beruhigt zurücklehnen und auf das Erreichte schauen. Du hast alles geschafft, was ein Mann in seinem Leben machen soll: Du hast ein Haus gebaut, du hast einen Sohn gezeugt und einen Baum gepflanzt. Was hier nicht aufgezählt ist, aber für uns alle am nachhaltigsten für unser Leben gewirkt hat, war und ist deine Rolle für uns Kinder in unserer Familie. Du warst uns immer ein liebevoller Vater, auch wenn du uns natürlich längst nicht so verwöhnt hast, wie jetzt deine Enkel. Du hast immer Zeit und Verständnis gehabt für unsere großen und kleinen Probleme, und daran hat sich bis zum heutigen Tag nichts geändert. Deine Ratschläge und Empfehlungen waren dabei immer so verpackt, daß man sie gerne übernehmen konnte, ohne sich gegängelt zu fühlen.

Rückblick

An deinem 60. Geburtstag will dir die große Schar der Gratulanten zeigen, welch wichtige Rolle du in ihrem und unserem Leben spielst. Wir wollen dir danken für die vielen guten Jahre, die wir zusammengelebt haben, und uns allen wünschen, daß es eine ebenso schöne und friedliche Zukunft wird. Wir wünschen dir Glück, Gesundheit und etwas mehr Ruhe für die nächsten Jahre. Und darauf möchten wir alle mit dir jetzt anstoßen: auf das Wohl unseres Geburtstagskindes.

Dankbarkeit für einen guten Vater

Festgedicht zum 75. Geburtstag – ein Schwiegersohn trägt vor

Familientradition

In der Familie ist es Sitte,
daß einer aus der Gäste Mitte
dem Jubilar ein Ständchen bringt,
indem er dichtet, redet, singt!

Bevor nun Hannes vor uns spricht
und Stefan froh ein Liedchen singt,
von mir nun Omis Festgedicht.
Weiß Gott, was dann der Peter bringt.

Die Omi feiert heut mit uns,
mit Müllers, Meiers, Beckers, Kunz,
den Schotts natürlich und den Bärs.
War'n das jetzt alle? – Ja, das wär's!

Mit fünfundsiebzig Lebensjahren
da gilt man weithin als erfahren,
und dennoch, Omi, das ist klar,
wird das noch besser Jahr für Jahr.

Abstrakt sag ich jetzt einmal „man“,
sonst wärst du ja alleine dran:
Man also wird noch lieber, schlauer,
friedfertiger und zielgenauer,
geduldiger und tolerant,
stets ausgeglichen und entspannt.
Kurzum, die ganze Alterstugend
als großes Vorbild für die Jugend.

Nun ist die „Jugend“ hier schon alt,
bis auf die Enkelkinder halt,
so daß das schöne Beispiel fast
auf alle, nur auf uns nicht, paßt.

An sich wollt' ich was andres sagen
im Namen aller deiner „Blagen“.

Ich woll' dir sagen, was die vier
– wir andern auch – heut wünschen dir.

Ein exklusives Programm

Es ist gemäß dem großen Tag
ein exquisiter Wunschvorschlag:
– Mit Hannes hoch im Firmenjet
per Sonderflug zum Festbankett
– mit Stefan im Duett zu singen
und einen Hit hervorzubringen
– mit Karin auf dem Dromedar
die Extratour durch Afrika
– mit Stefanie auf Einkaufstour
nach London oder Singapur
– und schließlich wäre auch noch drin:
im Schützenclub die Königin.

Und weil das noch nicht alles ist,
ein letzter Wunsch: bleib' wie du bist!
Wir wünschen dir noch sehr viel Spaß.
Auf unsre Omi – hoch das Glas!

Festrede zum Familientreffen – ein Familienältester spricht

Ihr Lieben,

ich grüße alle zum heutigen ersten Familientreffen. Dreiundzwanzig sind es bisher, wenn ich richtig gezählt habe. Das ist gar keine so schlechte Bilanz für das erste Mal, wenn man bedenkt, daß doch die Anreisewege teilweise ganz schön lang sind.

Eine gute Idee

Ich weiß gar nicht mehr, wer von uns überhaupt auf die Idee gekommen ist, einmal im Jahr eine große Familienfete durchzuführen. Ich glaube, es war Hugo, als wir uns beim letzten Male zu Werners Geburtstag in Mainz trafen. Auf jeden Fall war es eine ganz ausgezeichnete Idee, wie man leicht an der Zahl der hier Versammelten ablesen könnte. Und wenn es bei den Sindelfingern auch geklappt hätte, dann wären wir sogar dreißig geworden. Sie haben sich aber für das nächste Treffen schon ganz verbindlich angemeldet. Auch die thüringische Linie hat sich wieder gemeldet und will beim nächsten Mal auf jeden Fall dabei sein.

Lob des Stammvaters

Nun ist der Name Ritter ja weiß Gott kein seltener in diesem unseren Lande. Aber nicht jeder hat wie wir den Vorzug, vom alten Stammvater Heinrich aus Niederseelbach abzustammen. Und unserem alten Heinrich sagte man nun die ausgeprägten Charaktereigenschaften nach, die sich in unserer weitverzweigten Familie bis auf den heutigen Tag als beherrschende Merkmale durchgesetzt und erhalten haben.

Der alte Heinrich war ein ausgesprochenes Schlitzohr, das gern die Leute an der Nase herumführte. Am liebsten jene, die sich besonders schlau vorkamen oder besonders vornehm taten. Der alte Heinrich sah und hörte sich das alles immer eine ganze Weile an und tat so, als könne er nicht bis drei zählen. Und wenn die anderen sich dann ganz sicher im Oberwasser wähnten, schlug Heinrich zu, am liebsten in seinem unverfälschten Dialekt. Aus Erzählungen weiß ich, daß so manche „gnädige Frau“ und manch hoher Herr um Heinrich ab dann immer einen vorsichtigen Bogen machte.

Heinrichs zweite überlieferte Eigenschaft war ein ausgeprägter Familiensinn. Überliefert ist, daß er bis ins hohe Alter einen regen Briefverkehr mit der ganzen Verwandtschaft aufrechterhielt und es kaum ein Familienfest gab, an dem er fehlte. Und überall war „Opa Heinrich“, wie er liebevoll von allen genannt wurde, ein gern gesehener Gast.

Und die dritte Eigenschaft war Heinrichs Erzählkunst. Wenn er von früheren Zeiten erzählte, gab es keinen, der nicht gefesselt zuhörte. Seine Geschichten von den vielen Menschen, die er kannte, und den vielen Orten, die er besucht hatte, waren spannender als mancher Roman.

Ein bewahrenswertes Erbe

Diese drei Eigenschaften sind vom alten Heinrich an seine Familie vererbt worden. Diese Erbschaft wollen wir nun in guter alter Tradition wiederaufleben lassen und künftig sorgfältig pflegen.

Und wo könnte dies leichter und besser geschehen als auf einem Familientreffen, wo endlich einmal alle für ein paar Stunden zusammen sind. Nutzt diese Zeit, denn so schön und so jung kommen wir so schnell nicht mehr zusammen.

Seid alle herzlich willkommen.

Festrede zur Hauseinweihung – Freunde gratulieren

Liebe Britta,
lieber Rolf,
verehrte Freunde, Nachbarn, Gäste,

Ein verwirklichter Traum

noch sieht alles ganz neu aus und noch sind wir über Dielen bis an die Haustür balanciert, doch euer Traum von den eigenen vier Wänden ist Wirklichkeit geworden.

Wir gratulieren euch beiden als stolzen Hausherren von Herzen und wünschen im neuen Heim Glück, Gesundheit, sinkende Zinsen und ein stets gnädig gestimmtes Finanzamt. Glück habt ihr schon im Vorfeld eine Portion gehabt. Dank der fleißigen Handwerker und einem cleveren Architekten, unserem lieben Rainer Ohnsorg, ist das fast Unmögliche gelungen: Nicht nur in der vorgesehenen Zeit bis auf die üblichen Kleinigkeiten rechtzeitig fertig zu werden, sondern auch den ursprünglich aufgestellten Kostenrahmen nicht zu überschreiten. War euch schon dieses Glück hold, hat ganz offensichtlich dieser Hausbau auch eurer Gesundheit gut getan. Unübersehbar sind doch einige Pfunde dem ungewohnten Anpacken, der Rennerei und der Umzugshektik zum Opfer gefallen.

Fehlt von unseren Wünschen jetzt nur noch ein gnädig gestimmtes Finanzamt und sinkende Zinsen. Wenn auch in diesen beiden Fällen überwiegend Skepsis angebracht sein dürfte, soll dies aber die Freude über Einzug und Hauseinweihung kein bißchen trüben. Und schon gar nicht die gute Stimmung, die wir alle euch beiden zu der heutigen Einladung mitgebracht haben. Mitgebracht als Gastgeschenk habenwir, falls es mit der Erfüllung der beiden vorhin genannten Wünsche nun doch nicht so schnell klappt, ein Stück Hoffnung: Mit diesem Jahreslos der Fernsehlotterie könnt ihr mit ein wenig Glück auf einen Schlag alle noch bestehenden Sorgen loswerden. Ihr müßt halt nur fest genug daran glauben.

Ein passendes Geschenk

Wir danken euch für die nette Einladung zur Hauseinweihung. Ein erster Rundgang hat uns schon einen guten Eindruck vermittelt, wie wohl man sich als Gast in eurem neuen Haus fühlen kann. Auch der Blick auf das kalte Buffet läßt nur Gutes ahnen. So will ich denn auch nicht in froher Erwartung all dieser schönen Genüsse die Redezeit über Gebühr strapazieren.

Liebe Britta, lieber Rolf,

noch einmal herzlichen Dank für die liebe Einladung und viel Glück in eurem neuen schönen Zuhause.

Festrede zu einer Silvesterfeier – Gastgeber begrüßen

Liebe Freunde,

Silvester kann man auf verschiedene Arten feiern. Die einen suchen sich noch einen warmen Badestrand in der Ferne. Die anderen besuchen einen Silvesterball, um mit Festprogramm und Galadinner das alte Jahr gebührend zu verabschieden und das neue zu begrüßen. Bei uns im Freundes-

Eine Tradition

kreis gilt eine andere Tradition. Wir sitzen nach dem Essen in trauter Runde bei einem guten Glas Wein die Stunden zusammen, die uns noch vom neuen Jahr trennen. Das alte Jahr zieht im Gespräch noch einmal an uns vorbei.

Erinnerungen werden wach an die Ereignisse, die uns überrascht haben, erfreut oder wehgetan. Menschen gehen im Gespräch vorüber, die wir neu oder auch plötzlich ganz anders kennengelernt haben. Andere sind ganz aus unserem Gesichtsfeld verschwunden, bei manchen sind wir traurig darüber, bei anderen wieder heilfroh. Die Stunden zwischen altem und neuem Jahr sind Stunden der Einkehr und der Besinnung. Es tut gut, wenn einem dabei vertraute Freunde gegenüber sitzen, die sich miterinnern, ergänzen oder – wenn es wichtig erscheint – auch einmal richtigstellen. Deshalb freuen wir uns, daß wir uns an diesem Silvesterabend wie schon in den vergangenen Jahren auch wieder einmal zur trauten Runde zusammengefunden haben.

Rückblick auf das vergangene Jahr

Das Wichtigste aus dem vergangenen Jahr zuerst: Im großen Ganzen sind wir alle gesund geblieben. Und wir sind alle zusammengeblieben, das ist nicht weniger wichtig. Was uns das Neue wohl bringt? Leicht wird es sicher nicht werden. Die Welt ist im Umbruch. Mit Riesenschritten eilen wir auf ein neues Jahrtausend zu und haben die Hausaufgaben des letzten Jahrzehnts noch nicht gemacht. Wir in der Bundesrepublik haben die lang ersehnte Vereinigung erreicht, aber in den vielen Jahren, in denen es uns immer besser ging, vor lauter Egoismus das Teilen verlernt. Im Osten gehen politische Umwälzungen mit einer atemberaubenden Geschwindigkeit vor sich, und keiner hier kann so ganz genau ermessen, wieweit sein ganz persönliches Schicksal von diesen Entwicklungen mitgesteuert werden wird. Wir wissen nicht, wann und wie der Raubbau an unserer Umwelt auch uns als Mitverursacher einholen oder gar überrollen wird. Und wir wissen nicht, ob wir künftig auch ganz persönlich von allen Rückschlägen verschont bleiben, die bisher immer nur die anderen getroffen haben.

Silvester als Wegmarke zwischen Altem und Neuem. Ein wenig Dankbarkeit, daß im vergangenen Jahr unter dem Strich alles doch ganz gut gelaufen ist. Ein wenig bange Hoffnung, daß das neue Jahr und die Zukunft es doch genauso gut mit uns meinen möchten wie in der zurückliegenden Zeit. Ich danke euch herzlich für euer Kommen und auch dafür, daß wir in den hinter uns liegenden Tagen so manches Stück Weg zusammen zurückgelegt haben. Ich wünsche uns allen, daß es uns gelingt, so zu leben und so miteinander umzugehen, daß wir dann schließlich am Ende des vor uns liegenden neuen Jahres eine ähnlich positive Bilanz werden ziehen können wie am heutigen Abend.

Hoffnungen für die Zukunft

Noch einmal: herzlich willkommen auf unserem Silvesterabend, ein paar vergnügliche Stunden und einen guten Rutsch ins neue Jahr – Prosit!

Festreden im Beruf

Festrede zur Einstellung von Lehrlingen – Personalräte sprechen

Meine sehr geehrten Damen, Herren,
liebe Kolleginnen, liebe Kollegen,

Herzliche Begrüßung

wie in jedem Jahr darf ich auch heute die jungen Kolleginnen und Kollegen sehr herzlich in unserer Mitte begrüßen, die in unserem Betrieb ihre Ausbildung beginnen.

Sie alle haben erfolgreich schon zwei Hürden genommen: den Schulabschluß bestanden und den Aufnahmetest unserer Firma. Den siebzehn Kolleginnen und Kollegen, die sich aus der großen Zahl der Bewerber in dem schwierigen Auswahlverfahren durchgesetzt haben, gelten heute unsere besonderen Wünsche, die ich im Namen des gesamten Personalrates an dieser Stelle übermitteln darf. Mit dem Tag beginnt Ihr Berufsweg in der elektrotechnischen Branche. Sie haben sich eine zukunftsträchtige Ausbildung ausgewählt, die nach der Vermittlung der allgemeinen Grundkenntnisse Ihnen für Ihr weiteres Berufsleben eine weitgehende und breitgefächerte Spezialisierung je nach besonderen Neigungen und Fähigkeiten erlauben wird. Der Personalrat hat in langen, am Ende aber sehr erfolgreichen Verhandlungen mit der Betriebsleitung ein Ausbildungskonzept erarbeitet, das den jungen Kolleginnen und Kollegen im Betrieb ein fundiertes Basiswissen vermittelt und gleichzeitig auch persönliche Neigungen fördert.

Gute Ausbildung – gute Berufschancen

Wer die Ausbildung in unserem Betrieb erfolgreich abgeschlossen hat, hat gute Chancen in seinem Beruf. Wir merken das nicht zuletzt daran, daß gerade unserem Nachwuchs sehr attraktive Angebote auch von außen unterbreitet werden. Das große Interesse auch der überörtlichen Konkurrenz an den Absolventen unserer Ausbildung zeigt doch offenkundig, daß wir mit unserem Konzept auf dem richtigen Wege sind. Aber soweit sind wir ja noch lange nicht. Vor Ihnen liegen Monate einer sehr intensiven praktischen und theoretischen Schulung. Nicht nur Ihre Ausbildungsleiter, sondern auch Ihre Vertrauensleute vom Personalrat stehen Ihnen in allen Fragen mit Rat und Tat zur Verfügung.

Nutzen Sie alle Angebote, auch die der innerbetrieblichen Information, damit Sie Ihre Chancen auf eine gute Ausbildung und eine erfolgreiche persönliche Zukunft auch voll nutzen. Seitens des Personalrates und aller Kolleginnen und Kollegen heiße ich Sie herzlich bei uns willkommen. Mit dem heutigen Tage Ihres Ausbildungsbeginns sind Sie in die traditionelle Solidarität der Kollegen eingebunden. Helfen Sie mit, daß dieses gemeinsame Band, das uns zusammenhält und uns stark macht, nie zerreißt.

Traditionelle Solidarität

Noch einmal ein herzliches Willkommen und Glückauf!

Festrede zur Freisprechung von Lehrlingen – Betriebsleiter sprechen

Meine sehr geehrten Damen und Herren,
liebe Kolleginnen und Kollegen,
verehrte Gäste,

es ist ein schöner Brauch in den ... Werken, am Tage der offiziellen Freisprechungsfeier durch die Industrie- und Handelskammer (oder Handwerkskammer) im Rahmen einer Betriebsversammlung unseren eigenen Nachwuchs noch einmal gesondert zu feiern. Sie alle haben Ihre Ausbildung mit Bravour absolviert. Wir sind stolz darauf, daß einige von Ihnen sich durch Ihre überdurchschnittlichen Leistungen in den Kreis der Lehrgangsbesten

Stolz auf die Leistungen der Auszubildenden

vorgearbeitet haben. Das ist nicht nur ein ganz bemerkenswerter persönlicher Erfolg für Sie, sondern zeigt Ihren Ausbildern im Betrieb und der Firmenleitung, daß wir im gemeinsamen Bemühen um eine qualifizierte Ausbildung unseres Nachwuchses doch wohl auf dem richtigen Wege sind. Sie haben heute morgen in der offiziellen Feier der Kammer Ausbildungszeugnisse erhalten und auch Ihre Ehrengaben für besonders hervorzuhebende Einzelleistungen. Wir gratulieren Ihnen herzlich im Namen aller Werksangehörigen zu Ihrem schönen Erfolg.

Angebot zur Übernahme

Wie Sie wissen werden, betrachten wir derzeit unsere wirtschaftlichen Aussichten im größer gewordenen deutschen Markt und auch am Vorabend einer größeren europäischen Öffnung trotz aller bestehenden Probleme mit verhaltenem Optimismus. Insofern erleichtert uns dies die Einladung und das Angebot an Sie, auch nach Ihrer Ausbildung Ihrem Betrieb die Treue zu halten, sich im Rahmen der zur Verfügung stehenden Arbeitsplätze weiter zu qualifizieren und sich auf der Erfolgsleiter Sprosse um Sprosse nach oben voranzuarbeiten. Wir bieten Ihnen nach einer qualifizierten Ausbildung gute Zukunfts- und gute Erfolgsaussichten. Greifen Sie zu!

Eine Belohnung

Daß wir uns alle am heutigen Tage mit Ihnen und Ihren Angehörigen über den erfolgreich zurückgelegten wichtigen ersten Berufsabschnitt freuen, wollen wir natürlich nicht nur in Worten ausdrükken. Jedem von Ihnen darf ich in diesem Umschlag einen namhaften Betrag als Dank und Ansporn zugleich für Ihre persönliche Leistung übergeben. Die Firmenchronik, die ich Ihnen ebenfalls überreichen darf, soll die Verbundenheit mit Ihrem Ausbildungsbetrieb stärken helfen und Ihren Entschluß erleichtern, sich mit uns gemeinsam an die Lösung der vor uns liegenden Aufgaben zu wagen.

Namens der Betriebsleitung und aller Mitarbeiterinnen und Mitarbeiter darf ich Ihnen am heutigen Tag Dank und Anerkennung für Ihre Leistung aussprechen. Für Ihren weiteren beruflichen Weg wünsche ich Ihnen stets Erfolg, Zufriedenheit und auch privates Glück.

Festrede zur Meisterfeier – Freunde gratulieren

Lieber Hans,
oder soll ich gleich sagen: Hans im Glück?

Alle deine Freunde vom Turn- und Sportverein gratulieren dir herzlich zur bestandenen Meisterprüfung im Kraftfahrzeughandwerk. Und das Ganze in neuer Rekordzeit nach Lehre und Gesellenzeit. Mit deinen 27 Jahren gehörst du bei unseren Fußballern zwar schon zu den Alten Herren. Als Kraftfahrzeug-Handwerksmeister dagegen zählst du noch zum frischen Nachwuchs. Ich habe heute morgen noch ein wenig in den Statistiken geblättert. Die Zahlen, die ich dabei gefunden habe, zeigen deine stolze Leistung noch in einem ganz besonderen Licht. So haben im vergangenen Jahr in den alten Bundesländern rund 39 000 Handwerker ihre Meisterprüfung abgelegt. Das ist eine neue Rekordmarke. Immerhin lag die Durchfallquote bei dieser Prüfung bei rund 25 Prozent. Du gehörst also zu jenen 75 % der erfolgreichen Absolventen, die sich nicht nur die vielen Jahre bis zur Zulassung zur Meisterprüfung durchgekämpft haben, sondern sie auch noch geschafft haben. Das Durchschnittsalter aller Jungmeisterinnen und Jungmeister ist mit 25 bis 28 Jahren auf ein neues Rekordtief gesunken. Du mit deinen gerade mal 27 Lebensjahren bist – wie ich mir habe sagen lassen – der jüngste Jungmeister des Kraftfahrzeug-Handwerks aller Zeiten im Kammerbereich.

Ein junger Meister

Wenn das nicht alle besten Voraussetzungen auf deinem Weg in die neue Selbständigkeit sind? Du kennst ja sicher das Märchen vom Hans im Glück.

Wir alle wünschen dir, daß es dir künftig nie schlechter gehen möge als jenem Hans, daß sich stets alles zum Guten wenden möge, was du auch anfaßt. Heute abend feiern deine Sportkameraden mit dir die neuen Meisterehren. Nur heute ist es nicht die geschlossene Mannschaftsleistung, die preisgekrönt wurde, sondern deine Einzelleistung, zu der wir dich noch einmal von Herzen beglückwünschen. Daß du dabei deine Kameraden und Freunde nicht vergessen hast und sie zu einem „meisterlichen Umtrunk" eingeladen hast, gereicht dir zur besonderen Ehre. Wir danken unserem Meister Hans für die freundliche Einladung und halten dir ganz fest die Daumen, daß der Aufbau deines neuen Betriebes genauso zielstrebig und erfolgreich gelingt wie die bisherigen Schritte auf dieses Ziel hin. Und deshalb bitte ich euch alle, mit mir das Glas zu erheben: Auf das Wohl unseres Jungmeisters Hans! Prosit!

Glückwünsche für die Selbständigkeit

Festrede zum 25. Berufsjubiläum – Abteilungsleiter sprechen

Sehr verehrter, lieber Jubilar,
liebe Kolleginnen und Kollegen,

heute, lieber Herr Beier, blicken Sie auf ein Vierteljahrhundert Arbeit in den ...Werken zurück. Wir, Ihre Kolleginnen und Kollegen, sind zusammengekommen, um Ihnen Dank zu sagen für Ihre Arbeit und Ihr Engagement in dieser langen Zeit in unserem Betrieb.

Lebenslauf

Als Getriebeschlosser haben Sie im Jahre ... Ihre Ausbildung bei ... beendet und sind danach zunächst in unsere Unterabteilung „Endkontrolle" eingetreten. Danach wurden Sie der Mannschaft

„Qualitätskontrolle“ zugeteilt und nach weiteren fünf Jahren der Abteilung „Fertigungsplanung“, der Sie auch heute noch angehören.

Konsequente Fortbildung

Hinter diesem beruflichen Werdegang verbirgt sich eine Reihe von Zusatzqualifikationen, die Sie sich nicht nur im Betrieb, sondern auch in Ihrer Freizeit erworben haben. Daß zu einer rationellen Fertigungsplanung inzwischen spezifische DV-Fachkenntnisse unabdingbar sind, weiß jeder, der hinter die Kulissen eines modernen Fertigungsbetriebes schaut. Daß einem diese Kenntnisse im normalen Arbeitsalltag nicht einfach zufallen, sondern daß es schon eines weit überdurchschnittlichen Interesses und Engagements für seinen Arbeitsplatz und seine Verflechtungen im Betriebsablauf bedarf, weiß aber nur der, dem seine Arbeit nicht einfach nur vom Jobdenken bestimmt ist und der die Zukunft seines eigenen Arbeitsplatzes und diejenigen seiner Kollegen nicht bloß dem Prinzip Hoffnung und Zufall überlassen möchte.

Ich will damit sagen, daß Sie, lieber Herr Beier, in den vielen Jahren Ihrer Betriebszugehörigkeit in ganz besonderem Maße Interesse und Einsatz in den beruflichen Fort- und Weiterbildungsmöglichkeiten gezeigt haben. Sie haben damit nicht nur die Weichen für Ihr eigenes berufliches Fortkommen gestellt, sondern auch vielen Kolleginnen und Kollegen wertvolle Hinweise und Tips gegeben, wie sie die Angebote des Betriebes, der Berufsorganisationen und anderer Bildungseinrichtungen sinnvoll haben nutzen können. Das Vertrauen Ihrer Kolleginnen und Kollegen hat sich durch Ihre Wahl in den Betriebsrat gezeigt. Das Vertrauen der Betriebsleitung in Ihre Leistungsfähigkeit und Ihre Leistungsbereitschaft in der Ernennung zum Industriemeister vor nunmehr fünf Jahren.

Wir alle haben Ihnen an diesem Tage viel zu danken: für viele Jahre erfolgreiche und verläßliche Zusammenarbeit, für viele Jahre stets gute und menschlich angenehme Partnerschaft mit Kollegen und Betriebsleitung gleichermaßen und für viele überzeugende Beiträge dafür, daß der gute Name „Made in Germany" in der Welt seinen positiven Klang auch für unsere Produkte am Markt behält.

Belohnung für langjährige Treue

Unseren Jubilaren überreichen wir in aller Verbundenheit einen namhaften Geldbetrag zur Erfüllung eines langersehnten Wunsches. Daß Sie, lieber Herr Beier, und Ihre liebe Frau, die ich an dieser Stelle ebenfalls ganz herzlich begrüßen darf, als Gäste der Firma einen zehntägigen Sonderurlaub in unserem Allgäuer Vertragshotel verbringen werden, gehört auch zu unserer guten Tradition. Ich wünsche Ihnen und uns noch viele gute und schöne Jahre der Zusammenarbeit.

Festrede zum 25. Dienstjubiläum – Vorgesetzte sprechen

Sehr verehrte Frau Müller,
sehr geehrte Damen und Herren,
liebe Mitarbeiterinnen und Mitarbeiter,

Sie, sehr verehrte Frau Müller, können heute Ihr 25jähriges Dienstjubiläum in der ... Stadtverwaltung begehen. Aus diesem schönen Anlaß sind alle Ihre Kolleginnen und Kollegen zusammengekommen, um Ihnen in dieser kleinen Feierstunde herzliche Glückwünsche zu Ihrem Ehrentage zu übermitteln.

Ich habe, wie es so Brauch ist an einem solchen Jubiläum, noch einmal Ihre Personalakte durchgeblättert. Auch wenn es mir wohl kaum gelingen kann, einen wenn auch nur annähernd genauen Abriß über 25 Jahre Arbeit und Engagement zum Wohl der Bürger unserer Stadt nachzuzeichnen, will ich doch einige Schwerpunkte in die Erinnerung zurückrufen. Nach Ihrem Realschulabschluß im Jahre ... in ... haben Sie Ihre Ausbildung im Allgemeinen Verwaltungsdienst begonnen. Wie so üblich, sind Sie dabei in mehreren Stationen der verschiedenen Ämter eingesetzt worden und auch in den verschiedenen Dezernaten des Landratsamtes und des Regierungspräsidiums in ... Als Schwerpunkt Ihrer beruflichen Interessen hat sich dabei immer stärker die Organisation und das Haushaltswesen herausgebildet. Sie haben sich gegen eine überaus starke Männerkonkurrenz in der Verwaltungsprüfung mit der Gesamtbeurteilung „sehr gut" als Lehrgangsbeste durchgesetzt. Mit dieser überdurchschnittlichen Leistung haben Sie den Grundstein gelegt für einen erfolgreichen beruflichen Werdegang in unserer Stadtverwaltung.

Schwerpunkte der Karriere

Durch Ihr freundliches und bescheidenes Wesen, das gleichwohl aber niemals Zweifel an Ihrem Leistungsvermögen und Ihrer Durchsetzungskraft zuließ, haben Sie sich bis zum heutigen Tag einen unumstrittenen Platz im Ansehen Ihrer Kolleginnen und Kollegen erworben. Daß Sie als kompetente und vielgefragte Gesprächspartnerin für viele rat- und hilfesuchende Bürger unserer Stadt immer zur Verfügung stehen, ist ebenfalls bekannt. So war denn auch Ihre Ernennung zur Leiterin unseres Hauptamtes unter gleichzeitiger Beförderung zur Amtfrau vor nunmehr vier Jahren die längst fällige berufliche Anerkennung der allgemeinen Wertschätzung, die Ihren dienstlichen Leistungen und persönlichen Fähigkeiten entgegengebracht wird.

Persönliche Fähigkeiten

Sie, liebe Frau Müller, dürfen am heutigen Tage mit Freude, aber auch mit Genugtuung und Stolz auf das bisher Erreichte zurückblicken. Fünfundzwanzig Jahre Dienst für das Gemeinwohl einer Stadt und ihrer Bürger sind eine respektable Leistung, die Dank und Anerkennung von uns allen fordert.

Dank und Anerkennung

Neben all den vielen guten und herzlichen Glückwünschen, die Sie heute persönlich erreichen, darf ich Ihnen Ihre Urkunde zu Ihrem 25jährigen Dienstjubiläum aushändigen und die finanzielle Ehrengabe. Dies ist im Gegensatz zu vergleichbaren Anlässen in der privaten Wirtschaft nur eine bescheidene finanzielle Anerkennung für ein Vierteljahrhundert Arbeit, Mühe und Fleiß zum Wohle der Allgemeinheit. Sie steht sozusagen symbolisch für den besonderen Charakter unserer Arbeit für den Bürger: Das Dienen am Nächsten steht im Vordergrund und nicht der persönliche Anspruch.

Für beides waren Sie, liebe Frau Müller, ein überzeugendes Beispiel in den vergangenen fünfundzwanzig Jahren. Die Ehrenurkunde, deren Text ich hier vor dem versammelten Kollegenkreis öffentlich vortragen darf, trägt folgenden Wortlaut:

....

Ich darf Ihnen diese Urkunde zusammen mit der Ehrengabe überreichen und Ihnen Glück, Gesundheit und Zufriedenheit für Ihr weiteres privates Leben und Ihren Beruf wünschen.

Festrede zur Amtseinführung – Personalräte sprechen

Sehr geehrter Herr Lieber,

im Namen aller Beschäftigten des Naturschutzzentrums Bocksberg heiße ich Sie als neuen Umweltbeauftragten sehr herzlich in unserer Mitte willkommen. Mit dem heutigen Tage übernehmen Sie ein neues Amt in einer neuen Dienststelle mit einem neuen Aufgabenzuschnitt. Zweifellos eine

Neue Aufgabe – neue Herausforderung

überaus faszinierende Aufgabe für Sie und uns, die wir Sie als Team unterstützen sollen. Aber auch eine schwierige Aufgabe, weil hohe Erwartungen an unsere Arbeit geknüpft sind oder – was nicht weniger problematisch ist – weil auch Befürchtungen bestehen, daß es Einschnitte geben könnte in lange geübte Gewohnheiten vieler betroffener Betriebe oder auch privater Anlieger.

Skeptiker haben die vor uns liegende Aufgabe schon mit dem Versuch verglichen, die Quadratur des Kreises zu wagen. Denn praktizierten effektiven Natur- und Umweltschutz in Einklang zu bringen mit dynamischem Fremdenverkehr und aktivem Freizeitsport ist schon eine Aufgabenstellung, die nur behutsam, schrittweise und allenfalls langfristig zu den gewünschten Erfolgen führen wird. Und so wird das Problem nicht anders zu lösen sein als durch ständige Werbung und Information nicht nur über die Probleme der Alltagsarbeit, die wir hier zu leisten haben, sondern auch über die Nutzungskonflikte zwischen Naturschutz einerseits und Fremdenverkehr und Freizeitsport auf der anderen Seite. Ihnen und uns steht eine gleichermaßen schwierige wie auch überaus lohnende Überzeugungsarbeit bevor, die sich auch durch Rückschläge nicht entmutigen lassen darf.

Überzeugungsarbeit

Wie überall, wo berufliches Neuland betreten wird – und das gilt ja ganz besonders im Bereich des öffentlichen Dienstes –, bedarf es eines überdurchschnittlichen Engagements, einer Menge Improvisationskunst und vor allem auch Durchstehvermögens. Es bedarf aber auch einer guten Portion Fingerspitzengefühls, um die betroffenen Mitmenschen behutsam zu überzeugen und nicht mit Neuem, Ungewohntem zu überrumpeln. Sie dürfen sicher sein, daß unser Team, mit dem heutigen Tage dann auch Ihr Team, Sie bei unserer gemeinsamen Aufgabe mit allen Kräften unterstützen wird. Persönlich wünschen wir Ihnen einen guten erfolgreichen Start in diese neue Aufgabe und uns allen eine immer erfreuliche Zusammenarbeit. Herzlich willkommen zum Dienstantritt im Naturschutzzentrum Bocksberg.

Festrede zur Verabschiedung in den Ruhestand – Chefs sprechen

Sehr geehrter, lieber Herr Schneider,
liebe Mitarbeiterinnen und Mitarbeiter,

wieder einmal heißt es Abschied nehmen von einem vertrauten Kollegen, mit dem wir viele Jahre immer gut und gerne zusammengearbeitet haben. Ein solcher Abschied hat seine zwei Ansichten. Die Ansicht mit dem weinenden Auge zeigt den Abschied von einem vertrauten Gesicht, einem vertrauten Umgang, einer vertrauten Zusammenarbeit über eine lange Reihe von Jahren. Bei Ihnen, lieber Herr Schneider, sind es auf den Tag genau 27 Jahre, seit Sie in unsere Zweigniederlassung eingetreten sind. Das lachende Auge zeigt einen liebenswerten Kollegen, der nach vielen Jahren harter Arbeit nun endlich in den wohlverdienten Ruhestand wechseln kann mit unseren herzlichen Wünschen, daß Gesundheit und Spannkraft im neuen Lebensabschnitt genügend Zeit und Raum lassen, um das alles nachzuholen oder intensiver zu tun, was jahrelang dem Alltagsstreß zum Opfer gefallen ist.

Das weinende und das lachende Auge

Auch Sie gehen ja aus dem gleichen Grunde mit einem lachenden und weinenden Auge heute aus dem Hause, das Ihnen so lange Mittelpunkt eines langen Arbeitstages war. An diesem Tage soll aber die Freude überwiegen. Freude über das Erreichte im beruflichen und privaten Bereich. Freude darüber, daß der menschliche Zusammenhalt im Kollegenkreis alle Stürme der beruflichen Zeit überdauert hat. Freude vor allem, daß trotz all der großen jahrelangen Belastungen die Gesundheit erhalten geblieben ist und so mit einigem Optimismus der Übergang in den neuen Lebensabschnitt gelingen wird. Und um die gemeinsame Freude nicht durch eine allzulange Ansprache über Gebühr zu strapazieren, darf ich Sie, lieber

Herr Schneider, und Ihre Kollegen zum gemeinsamen Abschiedstrunk einladen.

Ein Abschiedsgeschenk

Als Abschiedsgeschenk haben Sie sich von uns einen Beitrag für Ihr Hobby gewünscht. Neben der traditionellen Ehrengabe der Geschäftsleitung für unsere verdienten „Ruheständler“ darf ich Ihnen daher von uns allen das gewünschte Fotozubehör zur Ergänzung Ihrer Ausrüstung überreichen. Wir wünschen Ihnen von ganzem Herzen, daß es Ihnen dabei hilft, in der neugewonnenen Freizeit und Freiheit noch viele schöne Jahre Ihrem geliebten Hobby nachzugehen. Alles Gute für Ihren weiteren Lebensweg.

Festrede zur Geschäftseröffnung – Gemeinderäte gratulieren

Liebe Frau Wunderlich,
verehrte Gäste,
liebe Mitbürgerinnen und Mitbürger,

es ist ganz sicher nicht alltäglich, wenn Bürger einer Gemeinde zusammen mit dem Gemeinderat so regen Anteil nehmen an einer Geschäftseröffnung, wie das heute der Fall ist. Normalerweise liest man Geschäftseröffnungen, genau so häufig aber auch Geschäftsschließungen, in den öffentlichen Mitteilungen einer Zeitung. Für uns in ... ist aber diese Eröffnung am heutigen Tag nicht irgendein Eintrag in der Zeitungsrubrik „Geschäftliches“, sondern von ganz besonderer Bedeutung für das Zusammenleben in unserer Gemeinde. In einer Zeit, wo überall die Tante-Emma-Läden schließen, schließen müssen, haben Sie, Frau Wunderlich, zusammen mit Ihrem Partner, Herrn Bayer, einen neuen Tante-Emma-Laden hier eröffnet.

Ein neuer Tante-Emma-Laden

Ein solches Geschäft in unserer Zeit zu eröffnen und zu betreiben darf nicht ausschließlich unter kaufmännischen Gesichtspunkten beurteilt werden. Wahrscheinlich kann man mit weniger Geld, weniger Zeit und weniger Risiko woanders besser sein Auskommen finden. Und insoweit sind die Bürger dieser Gemeinde und der Gemeinderat glücklich über Ihren Entschluß, das Geschäft hier zu eröffnen. Viele alte Menschen und diejenigen ohne Zweitauto sind schon darauf angewiesen, den täglichen Grundbedarf hier im Ort und nicht irgendwo draußen auf der grünen Wiese decken zu können.

Ein Begegnungszentrum für die Dorfgemeinschaft

Der tägliche Einkauf im Laden am Ort hat darüber hinaus ja noch eine wichtige andere Funktion: Hier trifft man sich, hier werden Nachrichten ausgetauscht und besprochen. Kurzum, der tägliche Einkauf dient gleichzeitig der menschlichen Begegnung. Das ist das, was ein Supermarkt draußen vor der Stadt nie leisten kann und was den Tante-Emma-Laden für eine kleine dörfliche Gemeinschaft eigentlich so unentbehrlich macht.

Aber für diese wichtige soziale Funktion gibt es im Regelfall in einer freien Wirtschaft keine Entschädigung durch die öffentliche Hand. Ich finde das nicht gerecht, weil das Fehlen einer Begegnungsstätte im Dorf schon einen ganz erheblichen Mangel an Lebensqualität darstellt und die dadurch entstehenden Kosten, auch wenn sie nicht genau in Mark und Pfennig ausgerechnet werden können, an anderer Stelle im öffentlichen Haushalt wieder ausgegeben werden müssen.

Deshalb, liebe Frau Wunderlich, hat der Gemeinderat Ihrem Antrag auf preiswerte Überlassung der Geschäfts- und Lagerräume in diesem gemeindeeigenen Haus nicht nur schnell, sondern auch gerne zugestimmt. Er hat ferner in seiner letzten Sitzung einstimmig beschlossen, Ihnen als Starthilfe und sozusagen als Patengeschenk die Pacht für das erste halbe Geschäftsjahr zu erlassen. Stellvertretend für die Mitbürger unserer Gemeinde wollen wir Ihnen damit dokumentieren, daß wir Ihren Entschluß von ganzem Herzen begrüßen und unterstützen. Wir wünschen Ihnen und Ihrem Partner – und damit wünschen wir es uns auch für uns selber –, daß Ihr Vorhaben gelingen möge und das Geschäft aufblüht. Ich bin ganz sicher, daß die Mitbürger die neue Chance kennen und zu schätzen wissen. Viel Erfolg zur heutigen Geschäftseröffnung wünscht Ihnen die gesamte Einwohnerschaft von … und der Gemeinderat, in dessen Namen ich Ihnen diesen Blumengruß überreichen darf.

Viel Erfolg!

Festrede zur Eröffnung einer Filiale – Filialleiter sprechen

Sehr geehrter Herr Bürgermeister,
verehrte Gäste,
liebe Mitarbeiter,

mit der heutigen Eröffnung dieser Filiale in … hat die … GmbH zum ersten Male räumlich und organisatorisch in einem neuen Bundesland Fuß gefaßt. Die Neugründung unserer Thüringer Niederlassung soll nach innen und außen bewußt ein Zeichen setzen. Nach innen unseren Mitarbeitern in den alten Bundesländern gegenüber, daß die Geschäftsleitung Vertrauen hat in die Zukunft, daß mit einer behutsam gesteuerten Expansion der bisherige Erfolgskurs weiterverfolgt werden kann und damit auch die Zukunftsaussichten unserer Mitarbeiter weiter verbessert werden können. Das Zeichen nach außen soll in mehreren Richtungen wirken. Einmal wollen wir unseren künftigen Kunden in den neuen Ländern zeigen, daß nach unserer festen Überzeugung es hier dann aufwärts geht, wenn die gemeinsamen Interessen vor Ort vertreten und gebündelt werden und nicht ambulant oder telefonisch auf ungeliebten Geschäftsrei-

Ein Beitrag zur Einheit

sen so nebenbei abgewickelt werden. In dieser so schwierigen Zeit des gesellschaftlichen Umbruchs wollen wir mit unserer Filiale hier Flagge zeigen. Dienstleistung kann effektiv nur beim Kunden selbst erbracht werden, persönlich und „vor Ort".

Geschäftsinteresse und Solidarität

Und das zweite Zeichen nach außen soll sagen, daß geschäftliches Eigeninteresse und menschlich-politische Solidarität durchaus in Einklang zu bringen sind, wenn beide Seiten dabei mit offenen Karten spielen. Wir sind hier, um Geld zu verdienen. Aber wir wollen auch präsent sein, wo wir unser Geld verdienen. Diese Niederlassung ist als Einstieg gedacht, als Modell für weitere Filialen auch in den anderen neuen Ländern.

Daß wir hier so schnell eröffnen können, verdanken wir nicht zuletzt Ihnen, sehr geehrter Herr Bürgermeister Henning, und Ihren Mitarbeitern. Sie haben uns geholfen, schnell und unbürokratisch alle Hindernisse zu überwinden, die uns in den ersten Monaten der Vereinigung das Planen in die Zukunft so sehr erschwert haben. Die Schwierigkeiten und Hindernisse sollen am heutigen Tag vergessen sein. Im Vordergrund steht unser Bemühen, das gemeinsame Werk erfolgreich in die Zukunft zu führen. Mit der heutigen Eröffnung unserer Filiale in ... gehen wir optimistisch mit unseren Mitarbeitern und unseren Konzepten in einen für uns neuen, schwierigen Markt. Mit unserem Erfolg wollen und können wir unseren Beitrag leisten zu dem gemeinsamen Ziel, mit solider Aufbauarbeit in den neuen Ländern die vorhandenen Anpassungsprobleme möglichst schnell zu überwinden.

Ein gemeinsames Ziel

Allen, die uns bis heute darin unterstützt haben, gilt unser herzlicher Dank. Glückauf bei der neuen Arbeit!

Festreden im Verein

Festrede zur Gründung eines Vereins – Initiatoren sprechen

Meine sehr geehrten Damen und Herren,
liebe umweltbewußte Mitbürger,

Eine Initiative für die Umwelt

wir haben uns heute abend hier zusammengefunden, um eine Umweltschutzinitiative im Landkreis ... zu starten. Schon wieder ein Verein, wird mancher gedacht haben, als die Vorankündigung in den hiesigen Tageszeitungen erschien. Mag schon sein, aber auch ein ganz besonders wichtiger. Daß dies offenkundig auch Ihre Meinung zu sein scheint, zeigt der überaus rege Besuch heute abend. Auch die Presse ist vertreten. Ich darf für Ihr Kommen danken und Sie alle sehr herzlich zu unserer Gründungsversammlung willkommen heißen.

„Umweltbund Landkreis ...“ ist der Arbeitstitel für eine Initiative, die sich vom heutigen Tag an verstärkt im regionalen Umweltschutz engagieren will. Als Sprecher des Initiatorenkreises möchte ich Ihnen nachfolgend kurz die Aufgabenstellung umreißen, wie wir sie in ersten Diskussionen vorab entwickelt haben. Selbstverständlich ist jede Anregung zur besseren Verdeutlichung und Umsetzung unseres Vorhabens notwendig und willkommen.

In unserem Lande gibt es eine Reihe umweltpolitischer Organisationen, die sich aktiv in Debatten um Gesetzgebungsverfahren oder Anhörungsverfahren einschalten. Andere Gruppen rütteln durch spektakuläre Aktionen, oft auch unter hoher Gefahr von Leib und Leben, die Öffentlichkeit auf, einer weiteren Zerstörung der Umwelt und damit unseren ureigenen Lebensgrundlagen nicht weiter tatenlos zuzusehen. Mit beiden können und wollen wir nicht konkurrieren. Aber wir möchten diese

Arbeit durch den regionalen Einsatz vor Ort unterstützen.

In unserem Landkreis sind wir Gott sei Dank von den ganz großen Problemverursachern im Umweltbereich bisher verschont geblieben. Und dennoch wirkt die schleichende Zerstörung auch bei uns fort: Die Probleme bei der Luftbelastung machen eben an unseren Landkreisgrenzen nicht halt. Die Trinkwasserqualität nimmt kontinuierlich ab. Die Artenvielfalt in Fauna und Flora geht nicht nur für Spezialisten erkennbar von Jahr zu Jahr zurück. Der Autoverkehr steigt, die Lärmbelästigung nimmt zu. Stück für Stück bröckelt unsere Lebensqualität an allen Ecken ab, und die täglichen Schreckensmeldungen im Umweltbereich in Presse, Funk und Fernsehen stumpfen schon mehr ab, als sie die noch vorhandenen Widerstandsgeister wecken.

Die Aufgabenstellung

Widerstand

Das ist unser Stichwort: Wir wollen Widerstandsgeister wecken in der eigenen bekannten Lebensumgebung. Wir möchten erreichen, daß bei aller Diskussion und bei allem Erschrecken über die großen Probleme draußen in der Welt die kleinen, aber ebenso vitalen Probleme hier vor Ort nicht zu kurz kommen. Wir wollen informieren und aufrütteln, vor allem aber selbst Hand anlegen, wenn Selbsthilfe möglich und gefragt ist. Deshalb stellen wir uns vor, daß neben aller theoretischen Information und Diskussion unsere Jahresarbeit ergänzt wird durch praktische Umwelteinsätze. Das Spektrum reicht dabei vom Landschaftsschutz in Naherholungsgebieten über Flurkartierungen bis zu zentralen Kompostierungseinrichtungen. Von der Erhaltung von alten Streuobstlandschaften durch Pachtvereinbarungen bis zum Ausweis von autolosen Fahrradwegen. Die Organisation von Altmaterialverwertung in Gemeinden oder Ortsteilen bis zur Anlage und Pflege von Feuchtbiotopen. Es ist ein Riesenkatalog von Aufgaben, in dem jeder, der sich dem Umweltschutzgedanken für sich und seine Nachwelt verpflichtet fühlt, eine Aufgabe finden kann, die er ideell, materiell oder mit ganz solider Handarbeit unterstützen kann. Wir laden alle ein, sich in unserer Initiative zu engagieren und mitzuarbeiten.

Eine Vielzahl von Aufgaben

Den Vertretern unserer örtlichen Presse sind wir wie immer dankbar für eine offene Berichterstattung über unsere Aktivitäten. Bevor wir gegen Ende unserer heutigen Gründungsversammlung die erforderlichen satzungsmäßigen und vereinsrechtlichen Beschlüsse fassen und Wahlen abhalten, sollten wir jetzt die Gelegenheit nutzen für eine ausführliche Diskussion über unser Vorhaben. Darf ich um Wortmeldungen bitten?

Festrede zum Jubiläum eines Vereins – Vorsitzende sprechen

Sehr geehrte Festversammlung,
verehrte Gäste,
liebe Turnerinnen und Turner,

der Turnerbund ... feiert sein 25jähriges Jubiläum. Vor einem Vierteljahrhundert, fast genau an diesem Tag, haben sich sportbegeisterte Turnerinnen und Turner aus ... im Turnerbund zusammengeschlossen. Einigkeit macht stark, hieß das Motto, und so wuchs die zunächst noch kleine Gruppe rasch zu einem lebendigen Vereinswesen heran, ohne das das ... Sport- und Gesellschaftsleben eigentlich nicht mehr denkbar ist. Der Turnerbund bietet seinen Mitgliedern, aber auch seinen interessierten Sportgästen praktisch alle heute üblichen Übungs-, Sport- und Spielmöglichkeiten an. Von A wie Aerobic bis Z wie Zirkeltraining, und mit ein wenig Phantasie kann man die restlichen Buchstaben des Alphabets wahrscheinlich auch noch belegen. Diese Angebotsvielfalt mit den her-

Einigkeit macht stark!

vorragenden Trainingsmöglichkeiten haben den Turnerbund attraktiv und damit groß gemacht.

Mit rund 400 aktiven und passiven Mitgliedern ist im … Turnerbund praktisch jeder zehnte Bürger unserer Gemeinde organisiert. Dies ist ein schöner Erfolg einer kontinuierlichen Vereinspolitik und derjenigen, die seit vielen Jahren die Verantwortung für diesen Verein übernommen haben. Erlauben Sie mir bitte, daß ich hier – stellvertretend für die vielen engagierten Mitglieder des Vereins – wenigstens einen Namen nenne: nämlich den unseres Turnerbruders Max Müller, langjähriges Vorstandsmitglied des Turnerbundes und nunmehr verdienter Ehrenvorsitzender. Max Müller gehörte zu den Turnern der allerersten Stunde, steuerte lange Jahre als verantwortliches Vorstandsmitglied die Vereinsgeschicke mit und steht heute noch als Ehrenvorsitzender überall da mit Rat und Tat zur Verfügung, wo sein Verein beides benötigt.

Ehrung eines verdienten Mitglieds

Lieber Max, ein solch stolzes Vereinsjubiläum ist undenkbar verbunden mit dem tatkräftigen Engagement unserer Mitglieder, die wie du über Jahre hinweg sich für ihre Freunde und Kameraden eingesetzt haben. Ein Rückblick auf ein stolzes Vereinsjubiläum am heutigen Tag schließt damit den Dank an dich, an alle Turnschwestern und Turnbrüder an, die unserem Bund so lange die Treue gehalten und mit allen Kräften seine Entwicklung gefördert haben.

Der Turnerbund … feiert heute fünfundzwanzigjähriges Vereinsjubiläum. Eine gute, eine stolze Tradition. Diese Tradition verpflichtet. Sie verpflichtet uns Jüngere, die alte Kameradschaft zu pflegen und neue Freunde in unsere gewachsene Gemeinschaft einzubinden. Sie verpflichtet uns alle, den Idealen der deutschen Turnerschaft auch weiterhin die Treue zu halten, auch oder gerade in einer Gesellschaft, in der Idealismus keinen gro-

Tradition verpflichtet

ßen Stellenwert mehr besitzt. Die Kraft für diese Aufgaben in der Zukunft aber können wir heute am Jubiläumstag zu einem großen Teil aus einer ruhmreichen Vergangenheit schöpfen.

Damit heiße ich Sie alle zum Festkommers des ... Turnerbundes mit Freude und von Herzen willkommen.

Festrede auf der Jahreshauptversammlung – Ehrenmitglieder sprechen

Meine sehr geehrten Damen und Herren,
liebe Freunde und Förderer des Verbrauchervereins,

wie in jedem Jahre ziehen wir auch in der diesjährigen Hauptversammlung Bilanz über das abgelaufene Vereinsjahr und diskutieren unsere Planungen für das vor uns liegende. Die Bilanz über die geleistete Arbeit hat unsere Vorsitzende, Frau Schmitt-Haberdank, wie immer engagiert und couragiert vorgetragen. Darf ich bei dieser Gelegenheit im Namen aller Mitglieder Ihnen, liebe Frau Schmitt-Haberdank, und Ihren Mitstreitern im Vorstand ganz herzlichen Dank für Ihren Einsatz und Ihre Arbeit aussprechen, verbunden mit der Bitte, auch in den vor uns liegenden Monaten dem Verein mit Rat und Tat in diesem verantwortungsvollen Amt zur Verfügung zu stehen.

Bilanz des vergangenen Jahres

Traditionsgemäß stellt ein Mitglied nach dem Rechenschaftsbericht des Vorstandes, den wir soeben gehört haben, das Schwerpunktthema vor, das im Mittelpunkt des nächsten Vereinsjahres stehen soll. Das diesjährige Thema lautet: Übernahme von Patenschaften zum Aufbau von Verbraucherorganisationen in den neuen Bundesländern. Hinter diesem Arbeitstitel verbergen sich eine Reihe von Problemen, die ich im folgenden kurz umreißen darf.

Das neue Schwerpunktthema

Eine gewaltige Aufgabe

Wir alle wissen, daß der Übergang von einer zentralverwalteten und gesteuerten Wirtschaft zu einer sogenannten freien Marktwirtschaft, den wir derzeit in unseren neuen Bundesländern zu bewältigen suchen, eigentlich eine Aufgabe ist, die allenfalls mittel-, wenn nicht gar langfristig zu lösen sein wird. So gesehen, war der politisch vorgegebene, vielleicht aber auch zum größten Teil selbst erzeugte Zeitdruck genauso schädlich wie die vorschnell abgegebene Zusicherung, in einem derartigen Umstellungsprozeß, der schon fast einer gesellschaftspolitischen Revolution gleichkommt, ginge es allen besser und keinem schlechter.

Welche verheerenden Wirkungen solche falsch gesetzten Signale auf das Verhalten von Unternehmen und Verbrauchern haben müssen, weiß eigentlich jeder, der den Einfluß gerade von psychologischen Bestimmungsfaktoren auf das Auf und Ab des Wirtschaftsgeschehens kennt. In dieser ohnehin schon schwierigen Situation haben wir die in der Mehrzahl nicht informierten Verbraucher in den neuen Ländern mut- und ratlos sich selbst überlassen. War es in den alten Ländern schon schwierig genug, sachlich fundierte Verbraucherinformation ungefiltert an die Interessierten heranzubringen, den Blick zu schärfen, daß Inhalte von Werbe- und Marketingkonzepten nicht gleichbedeutend sind mit einem Qualitäts- und Gesundheitstestat für den Verbraucher, kommt in den neuen Ländern noch ein ganz anderes Problem hinzu. Das plötzlich vorhandene Angebot, der jahrelang aufgestaute Nachholbedarf und die Vorstellung, nur das Neue, bisher Unbekannte gewährleiste den Wandel, führen zu teilweise völlig unrationalem Verbraucherverhalten, das in manchen Fällen geradezu schamlos von eiligen Geschäftemachern ausgenutzt wird.

Unrationales Verbraucherverhalten

Da werden Versicherungsverträge und Vermögensanlagen vermittelt, die überhaupt keinen wirtschaftlich realen Bezug mehr haben mit der auch künftig möglichen wirtschaftlichen Leistungsfähigkeit des überrumpelten Kunden. Da werden preiswerte heimische Produkte einfach ignoriert und dafür teurere, oft auch qualitätsmäßig schlechtere „Westangebote" eingekauft – einen rationalen Grund dafür gibt es nicht. Da werden „Ostprodukte" wieder gekauft, nur weil sie „westverpackt" sind. Da wird – um ein letztes Beispiel zu nennen – eine in vielen Fällen geradezu vorbildliche Aufarbeitung und Wiederverwertung von Altmaterialien aufgegeben und die gleiche Wegwerfmentalität eingeführt, die ein besonderes Kennzeichen sogenannter entwickelter Wirtschaftsgesellschaften zu sein scheint.

Aufklärung tut not!

Aufklärung tut not, und deshalb gilt der Schwerpunkt unserer nächstjährigen Tätigkeit in der Aufbauhilfe von Verbraucherorganisationen auf privater Basis in den neuen Ländern. Wir haben bereits erste Kontakte geknüpft mit verbraucherpolitisch Interessierten in unserem Partnerland Sachsen. In ersten Gesprächen ist wohl beiden Seiten bewußt geworden, daß es zunächst völlig anderer Konzepte und wohl auch einer anderen Sprache bedarf, um uns dort verständlich zu machen. Zu unterschiedlich sind derzeit noch Informationsstände und Bedürfnisstrukturen. Insoweit ist es für beide Seiten nicht nur ein notwendiger, sondern auch lohnender Lernprozeß.

Es geht uns darum, Verbraucherinteressen zusammenzuführen und zu bündeln, und darum, mit allen Kräften zu verhindern, daß ein menschlich und politisch so überaus erfreulicher Prozeß des Zusammenwachsens auf absehbare Zeit wirtschaftlich und verbraucherpolitisch eine Zweiklassengesellschaft schafft. So betrachtet, duldet unsere Initiative keinen Aufschub. Es gilt, auch in den neuen Ländern eine schlagkräftige Interessenvertretung für mündige Verbraucher aufzubauen, die ein wirksames Gegengewicht bieten wird gegen die weitverbreitete Goldgräber- und Roßtäuschermentalität in dieser Umbruchzeit. Es ist höchste Zeit gegenzusteuern. Wir sind für jede Mitarbeit dankbar.

Festrede zur Ernennung eines Ehrenmitgliedes – Vorsitzende gratulieren

Hochverehrte, liebe Frau Kraft,
verehrte Gäste,
liebe Mitglieder und Freunde,

der Kampfbund gegen das Waldsterben hat Sie heute in das Dorfgemeinschaftshaus von Lengenfeld geladen, um in einer kleinen Feierstunde dem Gründungsmitglied und verdienten Förderer des Kampfbundes, unserer verehrten Frau Kraft, die Ehrenmitgliedschaft zu verleihen. Mir ist dabei die schöne Aufgabe zugefallen, die Laudatio zu halten für eine engagierte Frau, die jahrelang unermüdlich und unerschrocken für ihre Überzeugung kämpfte, gegen die Gleichgültigkeit vieler Mitbürger und der meisten politisch Verantwortlichen in diesem Land.

Unbequeme Mahner

Als vor fast zehn Jahren erste mahnende und besorgte Stimmen laut wurden, die auf die Gefahren eines zunehmenden Waldsterbens aufmerksam machten, wurden sie zuerst einfach überhört. Als die Stimmen lauter, eindringlicher und fordernder wurden, wurden die unbequemen Mahner als Querulanten, Wachstumsfeinde, Chaoten und Ökopisten angefeindet und abqualifiziert. Zu diesen ersten Rufern und Mahnern gehörten Sie, verehrte, liebe Frau Kraft. Sie haben hier in Lengenfeld – und deshalb ist ja auch die Wahl des heutigen Versammlungsortes kein Zufall – in ersten Gesprächen und Diskussionskreisen, mit ersten Diavorträgen, mit Leserbriefen und Appellen versucht, Interesse zu wecken, aufzurütteln aus der Bequemlichkeit des Denkens und der Tatenlosigkeit. Ihr unerschrockener Einsatz zuerst hier in Lengenfeld und sehr schnell auch darüber hinaus hat anderen Mut gemacht. Die Zahl der Mitstreiter wuchs ständig. Nicht zuletzt deshalb, weil die von Ihnen jahrelang beschworene Gefahr des Waldsterbens immer großflächiger auftrat und selbst die blauäugigsten Politiker und die uninteressiertesten Mitbürger einsehen mußten, daß es hier nicht um grüne Theorie ging, sondern unübersehbar und hautnah um höchste Alarmstufen für Vegetation, Umwelt und Leben überhaupt.

Kampf gegen die Bequemlichkeit

Heute, wo bereits Riesenwaldstriche unrettbar verloren, weitere akut gefährdet und nur noch kleine Bestandteile überhaupt als gesund bezeichnet werden können, heute will es eigentlich keiner mehr wahrhaben, daß man zuerst Sie, dann Ihre Lengenfelder Mitstreiter als Keimzelle der Bewegung und schließlich den ganzen Kampfbund als grüne Spinner oder gar als politikunfähig bezeichnete. Welche verheerende Fehleinschätzung, welcher etablierte Hochmut und welche ökologische Ignoranz lag doch diesen Urteilen zugrunde. Niemand von uns kann heute stolz darauf sein, daß nicht die anderen, sondern daß wir recht behalten haben.

Stolz allerdings empfinden wir heute über zweierlei. Einmal, daß unser Bund im Kampf gegen das Waldsterben das organisierte Bürgerinteresse geworden ist, an dem keine Bürokratie und kein Politiker mehr vorbeizugehen wagt. Stolz empfinden wir aber auch über unser immer noch aktives und engagiertes Gründungsmitglied, unsere liebe Frau Kraft, ohne die der Bund niemals zu seiner heutigen Bedeutung gelangt wäre. Und ohne die nicht zunehmend ein Umdenkprozeß in Staat und Gesellschaft spürbar wäre, durch den – wie wir alle hoffen – doch noch eine Wende zum Besseren in

Organisiertes Bürgerinteresse

dem uns alle bedrohenden Kampf gegen das Waldsterben erreicht werden kann.

Ihnen, verehrte, liebe Frau Kraft, haben Ihre Mitbürger viel zu verdanken, auch die, die es heute immer noch nicht wahrhaben wollen. Wir verleihen Ihnen heute die Ehrenmitgliedschaft in unserem Kampfbund als Anerkennung für Ihr langjähriges tatkräftiges Engagement. Ihr Beispiel ist uns Ansporn und Verpflichtung zugleich. Die Ehrenurkunde, die ich Ihnen als dem ersten Ehrenmitglied des Kampfbundes überreichen darf, hat folgenden Wortlaut: .....

Die Ehrenurkunde

Verehrte Frau Kraft, im Namen aller hier Anwesenden – ganz sicher auch im Namen vieler betroffener und kritischer Mitbürger – darf ich Ihnen von Herzen für Ihre Arbeit und Ihren Einsatz danken und hoffe mit Ihnen, daß Ihnen noch viele Jahre voll Gesundheit und Tatkraft vergönnt sein mögen, die Sie sich selbst immer für ihre ehrenamtliche Aufgabe gewünscht haben. Ich überreiche Ihnen diese Urkunde in tiefem Respekt, den ebenfalls Ihnen auszudrücken alle ihre Weggefährten und Mitstreiter gebeten haben.

Festrede auf einem Gastbankett – Vorsitzende begrüßen

Sehr verehrte Gäste,
liebe Musikfreunde,

alljährlich klingt das Jahr des Musikvereins Fidelio aus mit unserem traditionellen Festbankett, zu dem ich Sie heute abend mit großer Freude begrüßen darf. Begrüßen darf ich den Bürgermeister unserer Stadt, Herrn Wolf, als großen Freund und Förderer des Vereins. Begrüßen darf ich auch Herrn Pfarrer Miesau als Vertreter unserer Geistlichkeit und ihm danken, daß unsere Mitwirkung an den kirchlichen Festtagen sich wie immer so

Begrüßung

gut und reibungslos gestaltet hat. Begrüßen möchte ich auch die Vertreter unserer örtlichen Tageszeitungen, die im Laufe des hinter uns liegenden Jahres immer und umfangreich über unsere Arbeit berichtet und sie damit unseren Mitbürgern nahegebracht haben.

Begrüßen darf ich alle Musikkameradinnen und Musikkameraden, alle Freunde und Gönner, ohne deren aktives Engagement und Mitarbeit ein Verein nicht leben kann.

Ein Dankeschön

Dieses Festbankett am Jahresende ist ein kleines Dankeschön an alle Aktiven und ihre Familien, die durch ihre Arbeit der Gemeinschaft in unserem Musikverein wiederum zwölf Monate treu gedient haben.

Unser Musikverein ist nicht nur Heimat für seine Mitglieder. Er ist ein Stück Leben in unserer Gemeinde und ein Stück Leben für ihre Bürger. Bei vielen kirchlichen und weltlichen Anlässen leisten wir gerne unseren Beitrag zur feierlichen Gestaltung und Umrahmung.

Ein wesentlicher Teil des kulturellen Lebens

Liebe Musikkameraden und Musikkameradinnen, ohne Ihre Mitarbeit und ohne Ihr Engagement wäre das kulturelle Leben in unserer Gemeinde, und ausstrahlend darüber hinaus auch ins Umland, ein gutes Stück ärmer. Deshalb empfinde ich den überaus regen Besuch unserer Mitbürger und unserer vielen Gäste aus den Nachbargemeinden heute abend auf diesem Festbankett nicht nur als Dank und Anerkennung für die geleistete Arbeit, sondern auch als Einladung und Ansporn für die vor uns liegende Zeit. Mit ganz herzlichem Dank für Ihr Kommen, verehrte Gäste, liebe Musikfreunde, ist unser diesjähriges Festbankett eröffnet.

Festrede zum Erntedankfest – der Vorsitzende eines Kleingartenvereins spricht

Liebe Gartenfreunde,
verehrte Gäste,

Bedeutung des Erntedankfestes

am Erntedankfest, so will es altüberlieferter Brauch, stattet der Bauer seinem Herrgott Dank ab für eine reiche Ernte, für den Schutz von Mensch, Tier und Pflanze vor allen Gefahren in der Vergangenheit und erfleht den Segen für die Zukunft. Und so hat dieses Fest einen hohen Rang seit alters in Kirche und Gesellschaft. Ich glaube aber nicht, daß dieses Erntedankfest seine Bedeutung nur für die Menschen auf dem Lande hat. Gerade die städtische Bevölkerung, vor allem aber die Bewohner von Ballungsräumen, deren täglicher Umgang mit der Natur sich darauf beschränkt, sie weiter zu belasten und zu zerstören, haben allen Anlaß, an einem solchen Tag ihr Verhältnis zu ihrer Umwelt einmal zu überprüfen. Längst hat sich herumgesprochen, daß die Warnungen zunächst einzelner Wissenschaftler über die akute Bedrohung unseres Bodens, des Wassers und der Luft eben keine übertriebenen Alarmmeldungen waren. Längst dämmert es selbst uneinsichtigen Politikern, daß Wirtschaftswachstum und Umweltschutz zwei Zielsetzungen sind, die gleichrangig verfolgt werden müssen, wenn unsere Gesellschaft, vor allem aber unsere Kinder noch eine Zukunftschance haben sollen.

Und da fällt mir ein altes indianisches Sprichwort ein, das dies viel besser ausdrücken kann. Es heißt:

„Erst wenn der letzte Baum gefällt,
der letzte Fluß vergiftet,
der letzte Fisch gefangen,
werdet Ihr feststellen, daß man Geld nicht essen kann."

Manche werden sagen, dies ist ein Sprichwort, das nicht zu einem Erntedankfest gehört. Diese Meinung teile ich nicht. Denn diese Warnung soll uns das Bewußtsein schärfen, daß wir nicht einfach vorsätzlich oder auch nur gedankenlos die Grundlagen für spätere Ernten zerstören. Denn wie hat ein bekannter afrikanischer Staatsmann gesagt:

„Unsere Welt gehört uns nicht,
wir haben sie nur von unseren Kindern geborgt."

Jeder von uns kann hier einen wichtigen Beitrag leisten, und keiner sollte sich darauf berufen, daß erst einmal alle anderen sich entsprechend verhalten sollen. Ich glaube, daß wir in unserem Gartenverein ein kleines, aber wichtiges Stück hier auf dem richtigen Wege vorangekommen sind. Durch entsprechende Beratung und Aufklärungsarbeit sind wir – wenigstens zu einem ganz erheblichen Teil – von Insekten- und Unkrautvernichtungsmitteln weggekommen. Auch das Düngen mit chemischen Substanzen hat spürbar nachgelassen, weil sich doch so langsam herumgesprochen hat, daß die übliche Werbung „viel bringt viel" nur für den Hersteller, nicht aber für den Kleingärtner richtig ist. Wir sind zwar auf dem richtigen Weg, aber vieles bleibt für uns auch noch zu tun übrig in dem kleinen, überschaubaren Bereich unserer Anlage.

Jeder kann etwas tun!

Hieran wird schon deutlich, wie schwer es ist, eine allgemeine Bewußtseinsänderung auch bei denen zu erreichen, die nicht wie wir Verantwortung für ein Stückchen Natur übernommen haben und täglich miterleben können, wie sie auf unser Handeln oder Unterlassen reagiert.

Eine Bewußtseinsänderung tut not!

Nehmen Sie mir, liebe Gartenfreunde, diese wenigen nachdenklichen Worte zu unserem Erntedankfest nicht übel. Aber ich habe mir vorhin unseren wunderschön geschmückten Erntetisch lange angeschaut und mir dabei gewünscht, daß wir es noch rechtzeitig schaffen, alle Vorkehrungen zu treffen, daß unsere Kinder und Enkel eines ferneren Tages auch noch vor einem solchen Tisch stehen können. Und ich finde, daß wir uns dieser Pflicht und Schuldigkeit gerade an einem Erntedankfest besonders bewußt sein müssen.

Festrede zum Richtfest im Gartenverein – der Vereinsvorsitzende spricht

Liebe Gartenfreunde,
verehrte Gäste,

im Namen des Gartenvereins Holzacker e.V. heiße ich Sie alle sehr herzlich auf unserem Richtfest willkommen. Besonders begrüßen darf ich heute in unserer Mitte den Liegenschaftsdezernenten unserer Gemeinde, Herrn Stadtrat Wolfdietrich Hasenkamp. Herr Stadtrat, wir freuen uns über Ihr Kommen und werten es als Zeichen der engen Verbundenheit der städtischen Körperschaften mit den Vereinen in dieser Stadt.

Begrüßung

Wenn sich diese Verbundenheit dann noch in einem ansehnlichen Zuschuß niederschlägt, besteht doppelter Grund zur Freude. Aber, sehr geehrter Herr Stadtrat Hasenkamp, ich möchte natürlich in gar keiner Weise Ihrer Ansprache vorgreifen, hoffe aber, daß entsprechende, vorab signalisierte Botschaften sich nicht als reines Gerücht entpuppen.

Ein Wink mit dem Zaunpfahl

Liebe Gartenfreunde,
verehrte Gäste,

auf einem Richtfest hat der Bauherr vornehmlich zwei Pflichten. Einmal hat er die schöne Aufgabe, allen am Bau Beteiligten Dank zu sagen für die bisher geleistete Arbeit. Dank unserem Architekten vom Büro Teuerkauf für die ideenreiche Planung und gewissenhafte Baubetreuung. Dank allen Mitarbeitern unserer Baufirma Mehrwert und Sohn für die termingerechte Fertigstellung.

Dank aber auch an alle Gartenfreunde, die den Verein und die Gemeinschaftskasse durch die vielen freiwilligen Arbeitsstunden ganz entscheidend entlastet haben. Ohne diese Arbeit, vor allem bei den Erdarbeiten, wäre das ganze Unternehmen von Anfang an schon aus Kostengründen in Frage gestellt worden. Also noch einmal herzlichen Dank an alle freiwilligen Helfer.

Danksagungen

Die zweite angenehme Pflicht eines Bauherrn auf einem Richtfest ist die Rolle des Gastgebers. Wie es sich nach altem Brauch ziemt, sind heute nachmittag alle Helfer am Bau unsere lieben Gäste. Wir hoffen, daß die deftige Vesper auf Hausmacherart, die wir vorbereitet haben, Ihren ungeteilten Beifall findet. Auch für Getränke ist reichlich gesorgt. Wir sind gespannt, ob unser selbstgekelterter Apfelwein in Konkurrenz zum ebenfalls angebotenen Faßbier bestehen kann. Bevor Herr Stadtrat Hasenkamp sein Grußwort an uns richtet, das wir schon allein aus den eingangs geschilderten Gründen heute mit ganz besonders großem Interesse erwarten, wollen wir nach altem Brauch noch den Richtfestspruch hören:

Der Richtfestspruch

Zum Richtfest sind wir hier vereint mit frohem Sinn,
nachdem wir diesen Bau zuweggebracht,
dem unser Streben galt von Anbeginn
und dem wir dienten mit vereinter Kraft.

Die Menschen sind bedrückt durch viele Fragen,
man streitet sich herum und wird gequält,
doch läßt sich alles leichter tragen,
wenn man in Harmonie zusammenhält.

Wie soll die Freizeit man gestalten?
Wie kann der Mensch naturverbunden sein?
Darüber grübelt man in vielen Spalten
der Presse gar hochgelehrt jahraus, jahrein.

Wir haben diese Fragen längst entschieden.
Wir „Holzacker“ wissen längst Bescheid,
daß unsre kleinen Gärten vielfach bieten
naturgemäße Freud' in produktiver freier Zeit!

Wir haben heute Grund zur Freude,
ein schönes Werk ist uns soweit gelungen.
Wir danken herzlich dem, der diesen Bau betreute,
und danken allen, die um dieses Werk gerungen!

Nun spende Herrgott deinen Segen,
halt über Bau und Gärten schützend deine Hand,
Du sollst auch uns in deine Obhut nehmen
zu Schirm und Schutz vor Hagelschlag und Brand!

Eintracht und Lieb' und Treue sollen walten
im Haus und bei der schönen Gärtnerei;
so wollen wir aufs neu' die Freizeit froh gestalten,
wozu das Richtfest heut' ein neuer Anfang sei!

Darauf, daß alles in Erfüllung gehe,
nehm' ich das Glas und trink es aus:
Ein Hoch euch allen, die ich sehe,
und ein dreifach Hoch dem Haus!!!

Festrede zur Verleihung des Bundesverdienstkreuzes – ein Bürgermeister spricht

Sehr geehrter, lieber Herr Meier,
liebe Frau Meier,
liebe Mitbürgerinnen und Mitbürger,

wenn ich heute im Rahmen einer kleinen Feierstunde das Ihnen vom Herrn Bundespräsidenten verliehene Verdienstkreuz überreichen darf, so erfüllt mich das mit doppelter Freude. Einmal sind Sie der erste Bürger unserer kleinen Gemeinde, der mit einer solch hohen Auszeichnung geehrt

Eine hohe Auszeichnung